D1725388

Rudyard Kipling
WIE DER LEOPARD ZU
SEINEN FLECKEN KAM

Rudyard Kipling

WIE DER LEOPARD ZU SEINEN FLECKEN KAM

Tierfabeln oder Genauso-Geschichten

Aus dem Englischen von Sebastian Harms
Mit einem Nachwort von Hans-Dieter Gelfert
Mit Illustrationen vom Autor

C.H.BECK textura

Die Reihe textura wurde vom Verlag Langewiesche-Brandt
(Ebenhausen bei München) begründet und wird seit dem
Jahr 2010 vom Verlag C.H.Beck fortgeführt.

Titel der Originalausgabe:
Just So Stories, 1902

Für die deutsche Ausgabe:
© Verlag C.H.Beck oHG, München 2015
Der Verlag hat sich erfolglos bemüht, die Rechtsnachfolger an der
deutschen Übersetzung ausfindig zu machen.
Die Abbildungen wurden zum Teil einem Exemplar der 1903 bei Vita,
Deutsches Verlagshaus, Berlin, erschienenen Ausgabe von Rudyard
Kiplings «Nur so Märchen» aus den Beständen der Universitätsbibliothek
der Humboldt-Universität zu Berlin entnommen. Alle weiteren
Abbildungen wurden mit freundlicher Genehmigung des Unionsverlags
folgender Ausgabe entnommen: Rudyard Kipling, «Genau-so-Geschichten
oder Wie das Kamel seinen Höcker kriegte». Zürich 2014.
Umschlaggestaltung: Kunst oder Reklame, München
Satz: Fotosatz Amann, Memmingen
Druck und Bindung: Pustet, Regensburg
Gedruckt auf säurefreiem, alterungsbeständigem Papier
(hergestellt aus chlorfrei gebleichtem Zellstoff)
Printed in Germany
ISBN 978 3 406 68349 7

www.beck.de

Wie der Walfisch seinen Schlund bekam

Es war einmal im Meere, o mein Liebling, ein Walfisch, und der aß Fische. Er aß den Sternfisch und den Hornfisch und den Krebs und den Plattfisch und den Weißfisch und den Goldbutt und die Makrele und die Pickerele (Hecht) und dessen Frau und den wirklichen und wahrhaftigen, zittrigen, schlickrigen Aal. Alle Fische, die er finden konnte in der großen See, aß er mit seinem Maul – so! –, bis zuletzt nur noch ein kleiner Fisch in der ganzen See war, und das war ein kleiner Buttfisch, und der schwamm hinter des Walfisches rechtem Ohr, damit er nicht zu Schaden käme. Und der Walfisch stellte sich auf seinen Schwanz und sagte: «Ich bin hungrig.» Und der kleine Butt sagte mit einer kleinen Buttstimme: «Edler und großmütiger Cetacee, hast du jemals Menschen geschmeckt?»

«Nein», sagte der Walfisch. «Wie schmecken die?»

«Gut», sagte der kleine Butt, «aber ein bißchen knubberig sind sie.»

«Dann hol mir ein paar», sagte der Walfisch und schlug mit seinem Schwanz das Meer ganz schäumig.

«Einer ist genug auf einmal», sagte der Buttfisch. «Wenn du

*Dies ist das Bild von dem Walfisch, der den furchtbar klugen und scharf-
sinnigen Seemann verschluckt, zusammen mit seinem Floß und seinem
Klappmesser und seinen Hosenträgern, die Du ja nicht vergessen darfst.
Die Dinger, die so aussehen wie Knöpfe, sind die Hosenträger, und ganz
nahe bei ihnen siehst Du das Messer. Er sitzt auf dem Floß, aber dies ist
seitlich umgekippt, und deshalb siehst Du nicht viel davon. Das weiße
Ding nahe bei des Seemanns linker Hand ist ein Stück Holz, mit dem er
das Floß rückwärts zu rudern versuchte, als der Walfisch herankam. Der
Walfisch hieß Lachemund, und der Seemann hieß Herr Heinrich Albert
Seetüchtig oder, was dasselbe ist, Baccalaureus. Der kleine kluge Fisch
steckt hinter des Walfisches Ohr, sonst hätte ich ihn auch gezeichnet. Der
Grund, warum die See so wirblich, quirrlich aussieht, ist der, daß der
Walfisch sie ganz in seinen Schlund hineinsaugt, so daß er auch den Herrn
Heinrich Albert Seetüchtig und das Floß und das Klappmesser und die
Hosenträger mit hineinsaugt. Du darfst niemals die Hosenträger ver-
gessen.*

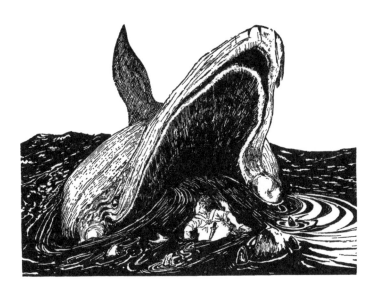

fünfzig Grad nördliche Breite und vierzig Grad westliche Länge schwimmst (das ist Zauberei), findest du mitten in der See einen schiffbrüchigen Seemann, der sitzt auf einem Floß und hat nichts weiter an als eine Hose von blauem Segeltuch, ein Paar Hosenträger (Du darfst die Hosenträger nicht vergessen, mein Kleines) und ein Klappmesser; er ist aber, das muß ich dir doch sagen, furchtbar klug und scharfsinnig.»

So schwamm denn der Walfisch, und schwamm nach fünfzig Nord und vierzig West, so schnell er nur schwimmen konnte, und fand mitten in der See einen einzigen einsamen, schiffbrüchigen Seemann auf einem Floß, der hatte nichts weiter an als blaue Segeltuchhosen, ein Paar Hosenträger (Du mußt besonders auf die Hosenträger achten, Liebling) und ein Klappmesser und plätscherte mit seinen Zehen im Wasser. (Er hatte Erlaubnis von seiner Mammi, zu plantschen, sonst würde er es nicht getan haben, denn er war furchtbar klug und scharfsinnig.)

Da öffnete der Walfisch seinen Rachen, rückwärts und rückwärts und rückwärts, bis beinahe an den Schwanz, und er verschlang den schiffbrüchigen Seemann und das Floß, auf dem er saß, und seine blauen Segeltuchhosen und die Hosenträger (die Du nicht vergessen darfst) und das Klappmesser. Er schlang alles hinunter in seinen inwendigen, warmen, dunklen Speiseschrank, und dann schmatzte er mit den Lippen – so! – und drehte sich dreimal um seinen Schwanz herum.

Sobald aber der Seemann, der furchtbar klug und scharfsinnig war, sich wirklich und wahrhaftig in des Walfisches inwendigem, warmen, dunklen Speiseschrank befand, fing er an, zu rumpeln und zu pumpeln und zu puffen und zu knuffen und zu trampeln und zu stampfen und zu rucken und zu zucken – und er biß und er schmiß und er knuffte und er puffte und er hoppte und er kloppte und er spie und er schrie und er schleckte und er leckte und er sang und er sprang, und der Walfisch fühlte sich sehr unglücklich. (Du hast doch die Hosenträger nicht vergessen?)

Da sagte der Walfisch zu dem Buttfisch: «Dieser Mensch ist sehr knubberig, und ich kriege einen Schluckauf davon. Was soll ich anfangen?»

«Sag ihm, er soll herauskommen», sagte der Butt.

Da rief der Walfisch in seinen Schlund hinunter dem schiffbrüchigen Seemann zu: «Komm heraus, und betrage dich anständig. Ich habe den Schluckauf gekriegt.»

«Nee, nee», sagte der Seemann. «So tue ich es nicht. Trag mich erst an meine heimatliche Küste und nach den weißen Dünen von Holstein, dann will ich es mir überlegen.» Und er trampelte ärger als je zuvor herum.

«Du tust besser, ihn heimzutragen», sagte der Butt zu dem Walfisch. «Ich habe es dir vorher gesagt, daß er furchtbar klug und scharfsinnig ist.»

So schwamm der Walfisch denn und schwamm mit beiden Flossen und dem Schwanz, so schnell er es mit dem Schluckauf konnte; und endlich sah er die Heimatküste des Seemannes und die weißen Dünen von Holstein, und er schob sich halbwegs auf das Ufer hin und öffnete seinen Rachen weit und weit und weit und sagte:

«Umsteigen hier nach Kiel, Lübeck, Hamburg, Bremen, Mölln und den Stationen der Itzehoer Straße.»

Und gerade, als er «Itze-hoer» sagte, sprang der Seemann aus seinem Rachen. Er war wirklich furchtbar klug und scharfsin-

Hier ist der Walfisch, der sich nach dem kleinen klugen Fisch umschaut, der sich unter der Türschwelle des Äquators versteckt. Der kleine kluge Fisch hieß Immersatt. Er verbirgt sich zwischen den Wurzeln des mächtigen Seetangs, der vor dem Tor des Äquators wächst; hier habe ich auch das Tor des Äquators gezeichnet. Es ist geschlossen. Es ist immer geschlossen, weil eine Tür immer geschlossen sein sollte. Das Ding, das so aussieht wie ein Strick und quer durch das Bild geht, ist der Äquator selbst, und die beiden anderen Dinger, die so aussehen wie Felsen, sind die beiden Riesen Moar und Koar, die den Äquator in Ordnung halten. Sie sind es, die die Schattenbilder auf dem Tor des Äquators gezeichnet haben und auch alle diese verschnörkelten Fische unter dem Tor. Die geschnäbelten Fische sind Delphine, und die anderen mit dem sonderbaren Kopfe sind Hammerfische, Vettern der Haifische. Der Walfisch hat den kleinen klugen Fisch aber erst gefunden, nachdem sein Zorn vorüber war, und da wurden sie wieder gute Freunde.

nig; denn denke nur, während der Walfisch schwamm, hatte er sein Klappmesser genommen und das Floß in kleines Gitterwerk verschnitten, das so kreuz und quer ging, und hatte es mit seinen Hosenträgern (nun weißt Du, warum Du die Hosenträger nicht vergessen durftest) fest zusammengebunden, und er zwängte das Gitterwerk flink und fest in des Walfisches Kehle, und da steckte es nun. Darauf sang er folgenden Vers (Du kennst ihn noch nicht? Da will ich mir Mühe geben, ihn zu wiederholen):

«Stopft in die Kehl' dir 'ne hölzerne Falle,
Nun ist es mit dem Schlingen alle.»

Und dann schritt er hinaus über den Kies und ging heim zu seiner Mutter, die ihm erlaubt hatte, im Wasser zu plantschen; und er heiratete und lebte glücklich immerfort. Das tat der Walfisch auch. Aber von dem Tage an, mit dem Gitterwerk in der Kehle, das er nicht aushusten und auch nicht niederschlucken konnte, vermochte er weiter nichts zu essen als sehr, sehr kleine Fische; und das ist der Grund, weshalb heutzutage Walfische niemals Männer oder kleine Jungen oder kleine Mädchen essen.

Der kleine Butt schwamm fort und versteckte sich im Schlamm unter der Türschwelle des Äquators. Er fürchtete, daß der Walfisch ihm böse wäre.

Der Seemann nahm das Klappmesser mit nach Haus. Die blauen Segeltuchhosen hatte er an, aber keine Hosenträger; denn sieh!, die hatte er gebraucht, um das Gitterwerk zusammenzubinden. Und das ist das Ende von der Geschichte.

Wie das Kamel seinen Buckel bekam

Dies ist nun die nächste Geschichte und erzählt, wie das Kamel seinen Buckel bekam.

Im Anfang der Jahre, als die Welt so neu war und alles und die Tiere eben anfingen, für die Menschen zu arbeiten, war ein Kamel da, und es lebte in der Mitte einer heulenden Wüste (das soll heißen, die Wüste war mit Tiergeheul erfüllt), weil es keine Lust hatte, zu arbeiten, und außerdem war es selbst ein Heuler. So aß es denn Stöcke und Dornen und Tamarinden und Gänsedisteln und war unverschämt faul. Und wenn jemand es anredete, sagte es:

«Hm-buck!» Just «Hm-buck!» und weiter nichts.

Am Montag morgens kam das Pferd zu ihm, hatte einen Sattel auf dem Rücken und einen Zaum im Maul und sagte:

«Kamel, o Kamel, komm heraus und trabe wie wir anderen.»

Dieses Bild zeigt Dir den Djinn, wie er den Zauber anfängt, der dem Kamel seinen Buckel brachte. Dann zog er mit seinem Finger eine Linie in die Luft, und die Linie erstarrte, und dann machte er eine Wolke und dann ein Ei – Du kannst dies alles am Fuß des Bildes sehen –, und dann entstand da ein magischer Kürbis, der sich zu einer riesigen weißen Flamme verwandelte. Darauf nahm der Djinn seinen Zauberfächer und fächelte damit die Flamme, bis diese selbst ein Zauber wurde. Es war ein tüchtiger Zauber und ein sehr freundlicher Zauber, wirklich, obwohl er dem Kamel zur Strafe für seine Faulheit den Buckel brachte. Der Djinn aller Wüsten ist nämlich einer der liebenswürdigsten von allen Djinns und hätte niemals etwas wirklich Unfreundliches getan.

«Hm-buck!» sagte das Kamel, und das Pferd ging fort und sagte es dem Mann.

Da kam der Hund mit einem Stock in seinem Maul und sagte: «Kamel, o Kamel, komm und apportiere wie wir anderen.»

«Hm-buck!» sagte das Kamel, und der Hund ging fort und erzählte es dem Mann.

Da kam der Ochs mit dem Joch auf dem Nacken und sagte: «Kamel, o Kamel, komm und pflüge wie wir anderen.»

«Hm-buck!» sagte das Kamel, und der Ochs ging fort und sagte es dem Mann.

Am Ende des Tages rief der Mann das Pferd und den Hund und den Ochsen zusammen und sagte:

«Drei, o ihr drei, es tut mir leid um euch (wo die Welt so neu ist und alles); aber das Hm-buck-Ding in der Wüste kann nicht arbeiten, sonst würde es jetzt hier sein; so will ich es zufriedenlassen, und ihr müßt die doppelte Arbeit tun, um es zu ersetzen.»

Das machte die drei sehr verdrießlich (wo die Welt so neu war und alles), und sie hielten an dem Rande der Wüste ein Palaver und eine Untersuchung und ein Fünfmännergericht und ein Pau-Wau ab. Und das Kamel kam und kaute Gänsedisteln und war unverschämt faul und lachte sie aus. Dann sagte es «Hm-buck!» und ging wieder fort.

Da kam der Djinn daher, der die Aufsicht über alle Wüsten hat, und er rollte heran in einer Wolke von Staub (Djinns reisen immer auf die Art, weil es Zauberei ist), und er hielt an bei dem Palaver und dem Pau-Wau der drei.

«Djinn aller Wüsten!» sagte das Pferd, «ist es in Ordnung, daß einer faul ist, wo die Welt so neu ist und alles?»

«Gewiß nicht», sagte der Djinn.

«Wohl», sagte das Pferd, «da ist ein Ding in der Mitte deiner heulenden Wüste (und es ist selbst ein Heuler), und es hat einen langen Hals und lange Beine, und es hat nicht einen Strich getan seit Montag morgen. Es will nicht traben.»

«Whuif!» sagte die Djinn und pfiff, «das ist mein Kamel, um alles Gold in Arabien! Was sagt es denn?»

«Es sagt ‹Hm-buck!›», sagte der Hund, «und es will nicht apportieren.»

«Sagt es sonst noch was?»

«Nur ‹Hm-buck!›, und es will nicht pflügen», sagte der Ochse.

Der Djinn wickelte sich in seinen Staubmantel und machte eine Luftschiffahrt durch die Wüste und traf das Kamel, unverschämt faul, und es sah nach seinem Spiegelbild in einem Wassertümpel.

«Mein langer und ins Wasser pustender Freund», sprach der Djinn, «was muß ich von dir hören! Du willst keine Arbeit tun, wo die Welt so neu ist und alles?»

«Hm-buck!» sagte das Kamel.

Der Djinn setzte sich nieder, stützte das Kinn in die Hand und begann, einen großen Zauber zu bedenken, während das Kamel sein eigenes Spiegelbild in dem Wassertümpel betrachtete.

«Du hast den dreien Extra-Arbeit gemacht, schon seit Montag morgen, durch deine unverschämte Faulheit», sagte der Djinn; und er fuhr fort, Zauber zu bedenken, mit dem Kinn in der Hand.

«Hm-buck!» sagte das Kamel.

«Ich würde das nicht noch einmal sagen, wenn ich du wäre», sagte der Djinn, «du könntest es einmal zu oft sagen, Puster, ich will, daß du arbeitest.»

Hier dieses Bild zeigt den Djinn aller Wüsten, wie er den Zauber mit seinem Zauberfächer leitet. Das Kamel frißt einen Akazienzweig und hat gerade «Hm-buck» gesagt, aber einmal zu oft (der Djinn hatte ihm das vorhergesagt), und so entsteht der Buckel. Das große, strickartige Ding, welches aus dem zwiebelartigen herauswächst, ist der Zauber, und auf seiner Schulter kannst Du den Buckel sehen. Dieser Buckel paßt genau auf den flachen Teil von des Kamels Rücken. Das Kamel ist viel zu sehr damit beschäftigt, sein eigenes schönes Selbst in dem Wassertümpel zu sehen, als daß es merken sollte, was mit ihm vorgeht.

Unter diesem wahrhaftigen Bild ist ein anderes Bild von der Welt, die so neu war, und alles. Du siehst zwei rauchende Vulkane darin, einige andere Berge und einige Steine, einen See, eine schwarze Insel, einen gewundenen Fluß, viele andere Dinge und sogar eine Arche Noah. Ich konnte nicht alle Wüsten zeichnen, die der Djinn verwaltet, deshalb zeichnete ich nur eine; sie ist aber sehr wüst.

Und das Kamel sagte wieder «Hm-buck!» Aber kaum hatte es «Hm-buck» gesagt, so sah es seinen Rücken, auf den es so stolz war, sich aufpuffen zu einem großen, dicken, wackelnden Höckerbuckel.

«Siehst du das?» sagte der Djinn, «das ist nun dein eigener Hm-buck, den du über deine eigene werte Person gebracht hast durch deine unverschämte Faulheit. Heute ist Donnerstag, und seit Montag morgen, wo die Arbeit anfing, hast du nichts getan. Jetzt geh an die Arbeit.»

«Wie kann ich», sagte das Kamel, «mit diesem Hm-buck auf meinem Rücken?»

«Der ist mit Absicht gemacht», sagte der Djinn, «eben weil du drei Tage verbummelt hast. Du kannst nun drei Tage arbeiten, ohne zu essen, du kannst von deinem Hm-buck leben; und sag nur nicht, daß ich nichts für dich getan hätte! Komm heraus aus der Wüste und geh zu den dreien und benimm dich anständig. Hm-buck dich selber!»

Und das Kamel hm-buckte sich selbst und ging fort mit Hm-buck und allem, zu den dreien. Und von dem Tage an bis heute trägt das Kamel einen Buckel. Aber die drei Tage, die es verbummelte, als die Welt so neu war und alles, hat es nie nachgeholt, und nie hat es gelernt, sich anständig zu benehmen.

Wie das Rhinozeros seine Haut bekam

Es lebte einmal auf einer unbewohnten Insel an den Küsten des Roten Meeres ein Parse, von dessen Hut die Sonnenstrahlen reflektierten in mehr als orientalischer Pracht. Und der Parse lebte an dem Roten Meer, mit nichts weiter als seinem Hut und seinem Messer und einem Kochofen von der Art, die Du besonders niemals berühren darfst. Und eines Tages nahm er Mehl und Wasser und Korinthen und Pflaumen und so was und machte sich einen Kuchen, der war zwei Fuß lang und drei Fuß dick. Es war wirklich ein wundervoller Kuchenpudding. (Das ist Magie und heißt gutes Essen.) Und er legte den Kuchen auf den Ofen, denn er durfte auf dem Ofen kochen, und er buk ihn, bis er ganz braun war und prachtvoll duftete. Aber gerade, als er anfangen wollte zu essen, kam aus dem ganz und gar unbe-

In diesem Bilde siehst Du den Parsen, wie er anfängt, seinen Kuchen zu essen auf der unbewohnten Insel in dem Roten Meer und an einem sehr heißen Tag; und das Rhinozeros, wie es aus dem ganz unbewohnten Innern kommt, das, wie Du genau sehen kannst, ganz felsig ist. Die Haut des Rhinozeros ist ganz weich, und die drei Knöpfe, mit denen sie zugeknöpft wird, sind unten, deshalb kannst Du sie nicht sehen. Die aalartigen Dinger auf des Parsen Hut sind die Sonnenstrahlen, die in mehr als orientalischer Pracht reflektieren, denn wenn ich wirkliche Strahlen gezeichnet hätte, so würden sie das ganze Bild ausfüllen. Auf dem Kuchen sind Streifen, und das Rad, das vorn auf dem Sand liegt, gehörte einst zu einem Wagen Pharaos, mit dem er durch das Rote Meer zu fahren versuchte. Der Parse fand es und behielt es als Spielzeug. Des Parsen Name war Pestonji Bomonji und der des Rhinozeros war Strorks, weil es immer durch den Mund statt durch die Nase atmete. Nach dem Kochofen würde ich überhaupt nicht fragen, wenn ich Du wäre.

wohnten Innern herunter an das Ufer ein Rhinozeros mit einem Horn auf der Nase, mit zwei Schweinsaugen und wenig Manieren. In jenen Tagen paßte dem Rhinozeros seine Haut ganz genau. Es waren nirgends Falten darin. Es sah gerade so aus wie ein Rhinozeros in einer Arche Noah, nur natürlich viel größer. Es hatte damals keine Manieren und hat auch jetzt keine Manieren und wird auch nie Manieren haben. Es sagte: «Hau!», und der Parse ließ seinen Kuchen im Stich und kletterte in den Wipfel eines Palmbaumes mit nichts weiter an als seinem Hut, von dem die Sonnenstrahlen immer reflektierten in mehr als orientalischer Pracht. Und das Rhinozeros warf den Petroleumofen mit seiner Nase um, und der Kuchen rollte in den Sand, und es spießte den Kuchen auf das Horn seiner Nase, und es fraß ihn, und es ging fort und schwenkte seinen Schwanz und kehrte zurück in das öde und gänzlich unbewohnte Innere, das angrenzt an die Inseln Mazanderan, Sokotra und die Vorgebirge des Äquators. Dann kam der Parse von seinem Palmbaum herunter, stellte den Ofen wieder auf die Füße und sang den folgenden Vers (und da Du ihn nie gehört hast, will ich versuchen, ihn zu wiederholen):

«Wer dem Parsen stiehlt Kuchen,
Wird nie wieder juchen,
Wird sich kratzen und fluchen.»

Und da war mehr darin, als Du jetzt denkst. Denn – fünf Wochen später kam eine Hitzewelle in das Rote Meer, und alle Leute zogen alle Kleider aus, die sie anhatten. Der Parse zog seinen Hut aus; aber das Rhinozeros zog seine Haut aus und hängte sie über die Schulter, als es zum Baden an das Ufer kam. In jenen Tagen wurde die Haut von unten mit drei Knöpfen zugeknöpft und sah aus wie ein Gummirock. Es sagte kein Wort von dem Kuchen, denn es hatte ihn ja ganz aufgefressen und hatte niemals Manieren, damals nicht und später nicht, und wird niemals Manieren haben. Es patschte gleich in das Wasser hinein und prustete Blasen durch seine Nase, und seine Haut hatte es auf dem Ufer liegenlassen. Gleich kam der Parse herbei und fand die Haut und lächelte zweimal, mit einem Lächeln, das von einem Ohr zum anderen ging. Dann tanzte er dreimal um die Haut herum und rieb sich die Hände. Dann ging er nach seinem Lager und füllte seinen Hut voll mit Kuchenkrumen, denn der Parse aß nichts als Kuchen und fegte nie sein Lager aus. Er nahm die Haut, und er schruppte die Haut, und er rüttelte die Haut, und er schüttelte die Haut und knüllte und füllte so viel alte, trockene, kitzliche Kuchenkrumen und verbrannte Korinthen in die Haut, wie sie nur hineingingen. Dann kletterte er in den Gipfel des Palmbaumes und wartete, bis das Rhinozeros aus dem Wasser kommen und die Haut anziehen würde.

Und das Rhinozeros kam und nahm die Haut und knöpfte sie zu mit den drei Knöpfen, und die Kuchenkrumen kitzelten es wie Kuchenkrumen im Bett. Dann fing es an zu kratzen, aber das machte es noch schlimmer, und dann legte es sich in den Sand und rollte und rollte und rollte sich, und jedesmal, wenn es sich rollte, kitzelten die Kuchenkrumen schlimmer und schlimmer und schlimmer. Dann rannte es zum Palmbaum und rieb und rieb und rieb sich dagegen. Es rieb so lange und so fest, daß es seine Haut über seinen Schultern in eine große Falte rieb und eine andere Falte nach unten hin, wo die Knöpfe saßen

Dieses Bild zeigt den Parsen Pestonji Bomonji, der auf dem Palmbaum sitzt und auf das Rhinozeros Strorks aufpaßt, das nahe der Bucht bei der ganz und gar unbewohnten Insel badet und seine Haut auf dem Land gelassen hat. Der Parse hat Kuchenkrumen in die Haut gestreut und verrieben, und er lacht jetzt bei dem Gedanken, wie sie Strorks kitzeln werden, wenn Strorks sie wieder anzieht. Die Haut liegt gerade unter dem Felsen am Fuße des Palmenbaumes an einer kühlen Stelle. Deshalb kannst Du sie nicht sehen. Der Parse trägt einen neuen Hut von mehr als orientalischer Pracht, von der Art, wie die Parsen sie tragen, und in seiner Hand hat er ein Messer, um seinen Namen in die Palmenbäume einzuritzen. Die schwarzen Dinger auf den Inseln draußen im Meer sind Stücke von Schiffen, die im Roten Meer gescheitert sind. Aber alle Passagiere sind gerettet worden und nach Haus gegangen.

Das schwarze Ding im Wasser nahe dem Ufer ist nicht etwa ein Wrack, sondern ist Strorks, das Rhinozeros, das ohne seine Haut badet. Er war gerade so schwarz unter seiner Haut wie zuvor, da er in seiner Haut steckte. Nach dem Kochofen würde ich überhaupt nicht fragen, wenn ich an Deiner Stelle wäre.

(aber die Knöpfe rieb es ab). Und es rieb noch ein paar Falten über seinen Beinen. Und es wurde furchtbar wütend, aber die Kuchenkrumen kehrten sich nicht daran. Sie waren inwendig in seiner Haut und kitzelten. So ging es endlich heim, furchtbar kratzig; und von dem Tage an bis heute hat das Rhinozeros große Falten in seiner Haut und ein sehr böses Temperament, alles wegen der Kuchenkrumen inwendig.

Aber der Parse kletterte von seinem Palmbaum herab und hatte seinen Hut an, von dem die Sonnenstrahlen reflektieren mit mehr als orientalischer Pracht. Er packte seinen Kochofen auf und ging fort, nach der Richtung von Oretavo, Amygdala, den Hochlandwiesen von Anantarivo und den Marschen von Sonaput.

Wie der Leopard zu seinen Flecken kam

In den Tagen, mein Liebling, als alles neu und hübsch war, lebte der Leopard auf einem Platz, der hieß das Hohe Feld. Erinnere Dich, es war nicht das Niedrige Feld und nicht das Buschfeld und nicht das Sauere Feld, sondern ausschließlich das nackte, heiße, steinige Feld, wo Sand und sandfarbige Felsen und ausschließlich Büschel von sandig gelblichem Gras waren. Die Giraffe und das Zebra und das Elen und das Kudu und das Hartebeest lebten da auch; und sie waren ausschließlich sandig-gelblich-bräunlich über und über; aber der Leopard war der ausschließlich sandigste, gelbste, bräunlichste von allen – eine graugelbliche Art von Tier, das aussah wie eine Katze; und er paßte auf ein Haar zu der gelblichen, graulichen, bräunlichen Farbe von dem Hohen Feld. Das war sehr schlimm für die Giraffe und das Zebra und die anderen; denn er legte sich nieder auf einen ausschließlich gelblichen, graulichen, bräunlichen Stein oder einen Haufen Gras, und wenn die Giraffe oder das Zebra oder das Elen oder das Kudu oder der Buschbock oder der Buntbock vorbeikamen, überfiel er sie und jagte sie hinaus aus ihrem springerigen Leben. Das tat er wirklich! Da war auch ein Äthiopier mit Bogen und Pfeilen (ein ausschließlich graulicher, bräunlicher, gelblicher Mann – das war er damals), und er lebte mit dem Leopard auf dem Hohen Feld. Und die beiden jagten zusammen – der Äthiopier mit seinen Bogen und Pfeilen, der Leopard ausschließlich mit seinen Zähnen und Tatzen –, bis die Giraffe und das Elen und das Kudu und das Quagga nicht mehr wußten, wohin sie springen sollten. Sie wußten's wirklich nicht, mein Liebling!

Nach einer langen Zeit – die Dinger lebten wer weiß wie lang in jenen Tagen – lernten sie, allem, was aussah wie ein Leopard oder wie ein Äthiopier, aus dem Wege zu gehen; und nach einem Weilchen – die Giraffe tat es zuerst, denn sie hatte die längsten Beine – liefen sie weg von dem Hohen Feld. Sie trippelten Tage und Tage und Tage, bis sie an einen großen Wald kamen, der war ausschließlich voll von Bäumen und Büschen und streifigen, fleckigen, schlüpfrigen, hüpfrigen Schatten, und da verbargen sie sich. Und nach einer anderen langen Zeit wurde von dem Stehen halb im Dunkel und halb aus dem Dunkel und von den schlüpfenden, hüpfenden Schatten der Bäume, die auf sie fielen, die Giraffe ganz fleckig, und das Zebra wurde streifig, und das Elen und das Kudu wurden dunkler, mit kleinen, welligen, grauen Linien auf ihren Rücken, wie Rinde auf einem Baumstumpf; und Du konntest sie riechen, und Du konntest sie hören, aber Du konntest sie nur sehr selten sehen, und auch nur dann, wenn Du ganz genau wußtest, wohin Du sehen mußtest. Sie hatten eine wunderschöne Zeit in den ausschließlich fleckigen, klecksigen Schatten des Waldes, während der Leopard und der Äthiopier umherrannten auf dem ausschließlich graulichen, gelblichen, bräunlichen Hohen Feld und sich wunderten, wo ihre Mittagsmahlzeiten und ihr Frühstück und ihr Tee geblieben waren. Zuletzt wurden sie so hungrig, daß sie Ratten und Käfer und Felsenkaninchen fraßen; und da kriegten sie furchtbare Leibschmerzen alle beide; und dann begegnete ihnen der Pavian, der hundsköpfige, bellende Pavian, der das allerweiseste Tier in ganz Südafrika ist.

Sagte Leopard zum Pavian (und es war ein sehr heißer Tag): «Baviaan, wo ist all unser Wild hingekommen?»

Und Pavian blinzelte. Er wußte es.

Sagte der Äthiopier zum Pavian: «Kannst du mir den gegenwärtigen Aufenthalt der einheimischen Fauna angeben?» (Das bedeutete ganz dasselbe, aber der Äthiopier brauchte immer lange Worte. Er war eine erwachsene Person.)

Und Pavian blinzelte. Er wußte es.

Dann sagte Pavian: «Das Wild ist auf einem anderen Fleck; und mein Rat, Leopard, ist: Gehe in andere Flecken, sobald du kannst.»

Und der Äthiopier sagte: «Das ist alles sehr fein, aber ich wünsche zu wissen, ob die einheimische Fauna migriert ist?»

Da sagte Pavian: «Die einheimische Fauna ist zu der einheimischen Flora gegangen, denn es war hohe Zeit für eine Luftveränderung; und mein Rat, Äthiopier, ist: daß du eine Veränderung vornimmst, sobald du kannst.»

Das wunderte den Leoparden und den Äthiopier, und sie machten sich auf, um nach der einheimischen Flora zu suchen. Und nach wer weiß wie vielen Tagen sahen sie einen großen, hohen Wald, ganz voll von Baumstämmen und ganz ausschließlich fleckigen, kleckigen, gleitenden, schreitenden, schlüpfrigen, hüpfrigen Schatten. (Sage das ganz schnell und laut, dann wirst Du sehen, wie sehr schattig der Wald gewesen sein muß.)

Das ist der weise Pavian, der hundsköpfige Babuin, der das weiseste Tier in ganz Südafrika ist. Ich habe ihn nach einer Statue gezeichnet, die ich aus meiner Erinnerung gemacht habe, und habe seinen Namen auf seinen Gürtel und seine Schulter und auf das Ding geschrieben, auf dem er sitzt. Ich habe es in einer Schrift geschrieben, die man weder Koptisch noch Hieroglyphen, noch Keilschrift, noch Bengalisch, noch Birmaisch, noch Hebräisch nennt, und dies nur deshalb, weil er so weise ist. Er ist nicht schön, aber er ist sehr weise, und es würde mich freuen, wenn ich ihn mit Tuschfarben malen dürfte, aber ich darf es nicht. Das schirmartige Ding um seinen Kopf ist seine Mähne, nach der Mode der Paviane.

«Was ist dies?», sagte der Leopard. «Das ist so ausschließlich dunkel und doch so voll von kleinem bißchen Licht?»

«Ich weiß es nicht», sagte der Äthiopier, «aber es könnte die einheimische Flora sein. Ich kann Giraffe riechen, und ich kann Giraffe hören, aber ich kann Giraffe nicht sehen.»

«Das ist sonderbar», sagte der Leopard, «vermutlich kommt es daher, daß wir gerade aus dem Sonnenschein kommen. Ich kann Zebra riechen, und ich kann Zebra hören, aber ich kann Zebra nicht sehen.»

«Wart ein bißchen», sagte der Äthiopier. «Es ist lange her, daß wir sie gejagt haben. Vielleicht haben wir vergessen, wie sie aussehen.»

«Firlefanz», sagte der Leopard. «Ich erinnere mich ihrer ganz genau, besonders ihrer Markknochen. Giraffe ist ungefähr 17 Fuß hoch und ist ausschließlich bräunlich-gold-gelb – vom Kopf bis auf die Füße; und Zebra ist ungefähr viereinhalb Fuß hoch und ist ausschließlich graulich-rehfarbig vom Kopf bis auf die Füße.»

«Hm!» machte der Äthiopier und blickte in die schlüpfrigen, hüpfrigen Schatten des einheimischen Florawaldes. «Dann sollten sie in diesem dunklen Ort sich zeigen wie reife Bananen in einer Räucherkammer.»

«Um Himmels willen», sagte der Leopard, «laß uns warten, bis es dunkel ist. Dies Jagen bei Tageslicht ist ein Skandal.»

So warteten sie denn, bis es dunkel war, und da hörte der Leopard etwas schnüffeln und schnauben. Und das Sternenlicht fiel ganz streifig durch die Zweige. Und da sprang er auf das Geschnüffel zu, und es roch wie Zebra, und es fühlte sich an wie Zebra, und wie er es niederwarf, trat es wie Zebra, aber er konnte es nicht sehen. Da sagte er: «Sei ruhig, du Person ohne Figur! Ich will auf deinem Kopf sitzen, bis es Morgen ist, denn da ist etwas um dich herum, was ich nicht verstehe.»

Dann hörte er ein Grunzen und einen Krach und ein Getrampel, und der Äthiopier rief: «Ich habe ein Ding erwischt, das ich nicht sehen kann. Es riecht wie Giraffe, und es tritt wie Giraffe, aber es hat keine Figur.»

«Trau ihm nicht», sagte der Leopard. «Setz dich auf seinen Kopf, bis es Morgen wird – so wie ich. Sie haben keine Figur, alle nicht.»

So setzten sie sich auf sie bis zum hellen Morgen, und dann sagte der Leopard: «Was hast du auf deinem Speisetisch, Bruder?»

Der Äthiopier kratzte sich den Kopf und sagte: «Es sollte ausschließlich bräunlich-gelblich-rehfarbig sein vom Kopf bis auf die Füße, und es sollte Giraffe sein, aber es hat über und über kastanienbraune Flecken. Was hast du auf deinem Speisetisch, Bruder?»

Und der Leopard kratzte sich den Kopf und sagte: «Es sollte ausschließlich zart-graulich-rehfarbig sein, und es sollte Zebra sein; aber es hat über und über schwarze und rote Streifen. Was in der Welt hast du mit dir angefangen, Zebra? Weißt du nicht, daß ich dich auf dem Hohen Feld zehn Meilen weit sehen konnte? Du hast ja keine Figur.»

«Ja», sagte das Zebra, «aber hier ist nicht das Hohe Feld. Siehst du das nicht?»

«Jetzt sehe ich es», sagte der Leopard. «Aber gestern konnte ich es nicht sehen. Wie wird es gemacht?»

«Laßt uns aufstehen», sagte das Zebra. «Wir wollen es euch zeigen.»

Dies ist das Bild von dem Leoparden und vom Äthiopier, nachdem sie des weisen Pavians Rat befolgt, der Äthiopier seine Haut verändert hatte und der Leopard in andere Flecken gegangen war. Der Äthiopier wurde ein richtiger Äthiopier, und sein Name war Sambo. Der Leopard wurde Gesprenkelter genannt und heißt seitdem so. Sie jagen gerade in dem flecklichen, klecklichen Wald und schauen aus nach Monsieur Eins-Zwei-Drei-wo-ist-Euer-Frühstück. Wenn Du ein bißchen lange hinsiehst, wirst Du Monsieur Eins-Zwei-Drei nicht weit entfernt sehen. Der Äthiopier hat sich hinter einem bekleksten Baum verborgen, weil der zu seiner Haut paßt; und der Leopard liegt neben einem Haufen hüpfliger, tüpfliger Steinchen, weil die zu seinen Flecken passen. Monsieur Eins-Zwei-Drei-wo-ist-Euer-Frühstück steht da und frißt Blätter von einem hohen Baum. Dies ist ein richtiges Vexierbild.

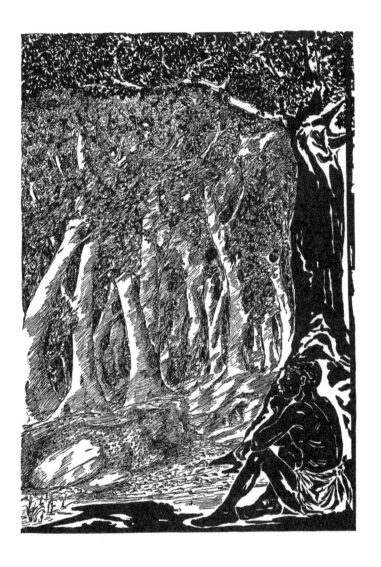

Da ließen sie das Zebra und die Giraffe aufstehen; und das Zebra ging hin nach einem kleinen Dornbusch, durch den das Sonnenlicht ganz streifig fiel, und die Giraffe ging hin nach einigen hohen Bäumen, durch die die Schatten ganz fleckig fielen.

«Nun paßt auf», sagten das Zebra und die Giraffe. «So wird es gemacht: Eins, zwei, drei! Und wo ist euer Frühstück?»

Leopard stierte und Äthiopier stierte, aber alles, was sie sahen, waren streifige Schatten und fleckige Schatten im Wald, aber von Zebra und Giraffe war nichts zu sehen. Sie waren just weggegangen und hatten sich im schattigen Wald verborgen.

«Hi! Hi!» sagte der Äthiopier. «Das ist ein Kniff, den man lernen muß. Nimm's dir zu Herzen, Leopard! Du siehst in diesem dunklen Ort aus wie eine Stange Seife auf einer Tonne voll Kohlen.»

«Ho! Ho!» sagte der Leopard, «würdest du sehr erstaunt sein, wenn ich dir sagte, du siehst in diesem dunklen Ort aus wie ein Senfpflaster auf einem Sack voll Kohlen?»

«Ganz schön», sagte der Äthiopier, «vom Schimpfen kriegt man kein Mittagessen. Das Lange und das Kurze von der Geschichte ist, wir passen nicht zu unserem Hintergrund. Ich will Pavians Rat folgen; er sagte mir, ich sollte mich verändern, und da ich nur meine Haut verändern kann, so will ich das tun.»

«Wie denn?» fragte der Leopard furchtbar aufgeregt.

«Ich will sie sehr wirkungsvoll schwärzlich-bräunlich färben, mit ein bißchen Purpurrot dazwischen und ein bißchen Schieferblau. Dann werde ich mich auch in Höhlen und hinter Bäumen verbergen können.»

Und gleich änderte er seine Haut, und der Leopard wurde noch furchtbarer aufgeregt, denn er hatte noch nie einen Mann seine Haut ändern sehen.

«Aber was soll ich nun anfangen?» fragte er, als der Äthiopier seinen letzten kleinen Finger neu schwarz gemacht hatte.

«Du tust auch, was Pavian sagte. Er sagte dir, du solltest in Flecken gehen.»

«Das tat ich», sagte der Leopard. «Ich ging auf andere Flekken, so schnell ich konnte. Nun bin ich mit dir auf diesem Fleck, aber ich hab schön was davon.»

«Oh», sagte der Äthiopier, «Pavian meinte nicht Flecken in Südafrika. Er meinte Flecken auf deiner Haut.»

«Was soll das nützen?» fragte der Leopard.

«Denk an Giraffe», sagte der Äthiopier, «oder wenn du Streifen vorziehst, denk an Zebra. Die befinden sich sehr wohl mit ihren Flecken und Streifen.»

«Umm!» machte der Leopard, «ich möchte nicht wie Zebra aussehen, nicht um alles in der Welt.»

«Auch gut», sagte der Äthiopier, «entschließ dich! Ich jage nicht gern ohne dich, aber ich muß es tun, wenn du darauf bestehst, auszusehen wie eine Sonnenblume an einem geteerten Zaun.»

«Na, dann will ich Flecken nehmen», sagte der Leopard, «aber mach sie nicht so ordinär groß. Ich möchte nicht wie Giraffe aussehen, nicht um alles in der Welt.»

«Ich will sie mit meinen Fingerspitzen machen», sagte der Äthiopier. «Es ist noch genug Schwarz auf meiner Haut. Stell dich hierher!»

Da hielt der Äthiopier seine fünf Finger dicht zusammen (es war noch genug Schwarz übrig auf seiner neuen Haut) und drückte sie immer und immer wieder auf den Leopard; und wohin er eben die fünf Fingerspitzen drückte, da blieben fünf kleine schwarze Punkte, ganz dicht beieinander. Du kannst sie immer sehen, welchen Leopard Du auch ansiehst, Liebling. Zuweilen glitten die Finger aus, und die Flecken wurden ein bißchen verwischt; aber wenn Du den Leopard ganz genau ansiehst, wirst Du immer fünf Flecken sehen von – fünf fetten, schwarzen Fingerspitzen.

«Jetzt bist du eine Schönheit», sagte der Äthiopier. «Jetzt kannst du auf der bloßen Erde liegen und siehst aus wie ein Stück Puddingstein. Du kannst auf einem blätterreichen Zweig liegen und siehst aus wie Sonnenschein, der durch die Zweige sieht, und du kannst mitten in einem Wege liegen und siehst aus wie gar nichts Besonderes. Bedenke das – und Purr!»

«Aber wenn ich das alles kann», sagte der Leopard, «warum hast du denn dich nicht auch fleckig gemacht?»

«Oh, einfach Schwarz paßt besser für mich», sagte der Äthiopier. «Nun komm mit, wir wollen sehen, ob wir jetzt in Ordnung kommen mit Monsieur Eins-Zwei-Drei-wo-ist-Euer-Frühstück!»

So gingen sie weiter und lebten glücklich immerfort, mein Liebling. Und das ist alles.

Und hier und da wirst Du mal große Leute sagen hören: «Kann denn der Äthiopier seine Haut ändern oder der Leopard seine Flecken?» Ich meine, die großen Leute würden wohl nicht so dumm fragen, wenn der Leopard und der Äthiopier es nicht einmal getan hätten – was meinst Du? Aber nun werden sie es nicht noch einmal tun, mein Liebling. Sie sind zufrieden, wie sie jetzt sind.

Das Elefantenkind

Vor langen, langen Jahren, mein Liebling, hatte der Elefant keinen Rüssel. Er hatte nur eine schwärzliche gekrümmte Nase, so groß wie ein Stiefel, die er hin und her bewegen konnte, doch er konnte nichts damit vom Boden aufnehmen. Aber da war ein Elefant – ein neuer Elefant, ein Elefantenkind –, der war voll unersättlicher Neugier, das heißt, er stellte immerfort Fragen. Und er lebte in Afrika, und Afrika war ganz voll von seinen unersättlichen, neugierigen Fragen. Er fragte seinen großen Onkel Strauß, warum seine Schwanzfedern just so gewachsen wären, und sein großer Onkel Strauß klapste ihn mit seiner harten, harten Kralle. Er fragte seine große Tante Giraffe, wovon ihre Haut so fleckig wäre, und seine große Tante Giraffe klapste ihn mit ihrem harten, harten Huf. Und noch immer war er voll unersättlicher Neugier! Er fragte seine breite Tante Hippopotamus, warum ihre Augen so rot wären, und seine breite Tante Hippopotamus klapste ihn mit ihrem breiten, breiten Huf; und er fragte seinen haarigen Onkel Pavian, warum Melonen just so schmeckten, und sein haariger Onkel Pavian klapste ihn mit seiner haarigen, haarigen Pfote. Und immer noch war er voll unersättlicher Neugier! Er stellte Fragen nach allem, was er sah oder hörte oder fühlte oder roch oder berührte; und alle seine Onkel und seine Tanten klapsten ihn. Und noch immer war er unersättlich neugierig.

Eines schönen Morgens, mitten im Vorrücken der Äquinoktien, tat dies unersättliche Elefantenkind eine hübsche Frage, die es noch nie gefragt hatte. Es fragte:

«Was ißt das Krokodil zu Mittag?»

Da riefen alle in lautem und furchtbarem Ton: «Husch!» und klapsten ihn gleich und immerzu und ganz lange.

Nachher, wie das abgemacht war, ging das Elefantenkind zu dem Vogel Kolokolo; der saß mitten in einem Wart-ein-bißchen-Dornbusch, und das Elefantenkind sagte:

«Mein Vater hat mich geklapst, und meine Mutter hat mich geklapst; alle meine Tanten und Onkel haben mich geklapst für meine unersättliche Neugier, und doch möchte ich wissen, was das Krokodil zu Mittag ißt!»

Da sagte der Kolokolovogel mit einem betrübten Schrei: «Geh an die Ufer des großen grau-grün-fettigen Limpopoflusses, rundum mit Fieberbäumen eingefaßt, und sieh selbst zu.»

Gleich am nächsten Morgen, wo nichts mehr von den Äquinoktien übrig war, weil das Vorrücken vorrückensgemäß vorgerückt war, nahm dies unersättliche Elefantenkind hundert Pfund Bananen (die kurze rote Art) und hundert Pfund Zuckerrohr (die lange purpurrote Art) und siebzehn Melonen (die grünliche, krackliche Art) und sagte all seinen lieben Verwandten Lebewohl.

«Ich gehe nach dem großen grau-grün-fettigen Limpopofluß, rundum mit Fieberbäumen eingefaßt, zu sehen, was das Krokodil zu Mittag ißt.»

Und sie klapsten es alle noch einmal zum Spaß, obwohl es sehr höflich bat, daß sie es nicht klapsen sollten.

Dann ging es fort, ein bißchen warm, aber gar nicht verwundert, und aß Melonen und warf die Schale fort, denn es konnte sie nicht aufheben.

Es ging von Graham-Stadt nach Kimberley und von Kimberley nach Khama-Land, und von Khama-Land ging es nach Ost und Nord und aß immerzu Melonen, bis es endlich an die Ufer des großen grau-grün-fettigen Limpopoflusses, rundum mit Fieberbäumen eingefaßt, kam, genau so, wie Kolokolovogel gesagt.

Nun mußt Du wissen und begreifen, Liebling, daß bis zu derselben Woche und Tag und Stunde und Minute dies unersättliche Elefantenkind noch nie ein Krokodil gesehen hatte und nicht wußte, wie es aussah. Und es war unersättlich neugierig.

Das erste Ding, das es fand, war eine buntscheckige Python-Felsenschlange, die sich um einen Felsen gewickelt hatte.

«Tschuldigung», sagte das Elefantenkind sehr höflich, «hast du wohl so ein Ding wie ein Krokodil gesehen in diesem verworrenen Bezirk?»

«Ob ich ein Krokodil gesehen habe?» sagte die scheckige Python-Felsenschlange mit einer furchtbar zornigen Stimme. «Was wirst du nächstens fragen?»

«Tschuldigung», sagte das Elefantenkind, «aber könntest du mir gütigst sagen, was das Krokodil zu Mittag ißt?»

Da wickelte die scheckige Python-Felsenschlange sich schnell von dem Felsen los und klapste das Elefantenkind mit ihrem schuppigen, ruppigen Schwanz.

«Das ist sonderbar», sagte das Elefantenkind. «Mein Vater und meine Mutter und mein Onkel und meine Tante und meine andere Tante Hippopotamus und mein anderer Onkel Pavian, alle haben mich geklapst für meine unersättliche Neugier – und mir scheint, du tust es auch.»

Da sagte es der scheckigen Python-Felsenschlange höflich Lebewohl und half ihr, sich wieder um den Felsen wickeln, und ging weiter, ein bißchen warm, aber gar nicht verwundert, und aß Melonen und warf die Schale fort, denn es konnte sie nicht aufheben; bis es an der Kante des großen grau-grün-fettigen Limpopoflusses, rundum mit Fieberbäumen eingefaßt, auf ein Ding trat, das wie ein Holzklotz aussah.

Aber das war wirklich das Krokodil, mein Liebling, und das Krokodil zwinkerte mit einem Auge – so!

«Tschuldigung», sagte das Elefantenkind sehr höflich, «aber hast du vielleicht ein Krokodil gesehen in diesem verworrenen Bezirk?»

Da zwinkerte das Krokodil mit dem andern Auge und hob seinen Schwanz halb aus dem Schlamm; und das Elefantenkind trat sehr höflich zurück, denn es wollte nicht gern wieder ge-klapst werden.

«Komm her zu mir, Kleines», sagte das Krokodil. «Warum fragst du solche Sachen?»

«Tschuldigung», sagte das Elefantenkind sehr höflich, «aber mein Vater hat mich geklapst, meine Mutter hat mich geklapst, meinen großen Onkel Strauß und meine große Tante Giraffe, die so furchtbar hart klapsen, gar nicht zu nennen, und meine breite Tante Hippopotamus und mein haariger Onkel Pavian, und noch dazu die scheckige Python-Felsenschlange, just auf dem Ufer, mit ihrem schuppigen, ruppigen Schwanz, die härter klapst als alle; und so, wenn es dir nicht sehr unangenehm ist, möchte ich nicht noch einmal geklapst werden.»

«Komm hierher, Kleines», sagte das Krokodil, «denn ich bin das Krokodil», und es weinte Krokodilstränen, zu zeigen, daß es wahr wäre.

Da wurde das Elefantenkind ganz atemlos und keuchte und kniete nieder auf dem Ufer und sagte: «Du bist just die Person, die ich alle diese langen Tage gesucht habe. Willst du mir gütigst sagen, was du zu Mittag ißt?»

«Komm her zu mir, Kleines», sagte das Krokodil, «ich will es dir zuflüstern.»

Da legte das Elefantenkind seinen Kopf dicht an des Krokodils moschussigen, zahnigen Rachen, und das Krokodil packte es an seiner kleinen Nase, die bis zu derselben Woche, Tag, Stunde und Minute nicht größer gewesen war als ein Stiefel, aber viel nützlicher. «Ich denke», sagte das Krokodil – und es sagte es durch die Zähne – so! – «Ich denke, heute fange ich mit Elefantenkind an!»

Das, mein Liebling, verdroß das Elefantenkind mächtig, und es sagte und es sprach durch die Nase – so: «Laß los! Du bist ein unartiges Tier.»

Da schlurfte die scheckige Python-Felsenschlange vom Ufer herunter und sagte:

«Mein junger Freund, wenn du nun nicht gleich, augenblicklich, ziehst, so fest du kannst, so ist es meine Meinung, daß

Dies hier ist das Elefantenkind, wie gerade das Krokodil an seiner Nase zerrt. Es ist sehr erstaunt und verwundert, und es tut ihm weh. Es spricht durch seine Nase und sagt: «Laß los! Du bist ein unartiges Tier!» Das Elefantenkind zieht fest, aber das Krokodil noch fester. Die scheckige Python-Felsenschlange eilt durch das Wasser, um dem Elefantenkind beizustehen. Der ganze schwarze Kram da sind die Ufer des großen grau-grün-fettigen Limpopoflusses (ich habe keine Erlaubnis, diese Bilder anzumalen), und der wie ein Korkzieher gedrehte Baum mit den verknoteten Wurzeln und den acht Blättern ist einer von den Fieberbäumen, die da wachsen.

Unter dem richtigen Bild sind Schatten von afrikanischen Tieren, die in eine Arche Noah hineingehen. Da sind zwei Löwen, zwei Strauße, zwei Ochsen, zwei Kamele, zwei Schafe und zwei andere Dinger, die wie Ratten aussehen, ich glaube aber, es sind Felsenkaninchen. Sie haben nichts zu bedeuten; ich zeichnete sie hin, weil ich dachte, sie sähen hübsch aus. Sie würden sehr hübsch aussehen, wenn ich Erlaubnis hätte, sie anzumalen.

deine neue Bekanntschaft in dem großmusterigen, ledernen Ulstermantel (damit meinte sie das Krokodil) dich in jenen feuchten Strom peitschen wird, ehe du piep sagen kannst.»

Dies ist die Art, wie scheckige Python-Felsenschlangen immer so reden.

Da setzte das Elefantenkind sich rückwärts auf seine kleinen Hinterbeine und zerrte und zerrte und zerrte, und seine Nase fing an, länger zu werden. Und das Krokodil stapfte in das Wasser hinein und schlug es mit dem Schwanz ganz rahmfarben, und es zerrte und zerrte und zerrte.

Und des Elefantenkindes Nase wurde immer länger, und es stemmte alle seine vier kleinen Beine auf und zerrte und zerrte und zerrte, und seine Nase wurde immer länger; und das Krokodil schlug mit seinem Schwanz wie mit einem Ruder, und es zerrte und zerrte und zerrte, und mit jedem Zerren wurde die Nase des Elefantenkindes länger und länger und – tat ihm furchtbar weh.

Da fühlte das Elefantenkind, daß seine Füße ausglitten, und es sagte durch seine Nase, die schon beinahe fünf Fuß lang war: «Dies is' ßu ßwer für Elefantenkind.»

Da kam die scheckige Python-Felsenschlange vom Ufer herunter und wickelte sich mit einem Doppelkreuzknoten um des Elefantenkindes Hinterbeine und sagte:

«Tollkühner und unerfahrener Reisender, wir wollen uns nun ernstlich einer hohen Anstrengung befleißigen, denn tun wir das nicht, so ist meine Meinung, daß jener Selbstpropeller von Kriegsmann mit dem geharnischten Oberdeck (damit meinte sie das Krokodil, mein Liebling) dir für immer deine künftige Karriere verderben wird.»

Das ist die Art, wie alle scheckigen Python-Felsenschlangen reden. So zerrte sie, und das Elefantenkind zerrte, und das Krokodil zerrte; aber das Elefantenkind und die scheckige Python-Felsenschlange zerrten am stärksten, und zuletzt, mit einem Plumps, den man oben und unten am Limpopo hören konnte, ließ das Krokodil die Nase des Elefantenkindes fahren.

Da fiel das Elefantenkind plötzlich und hart hintenüber; aber vorher sagte es noch «Danke vielmals» zu der scheckigen Python-Felsenschlange; und dann bekümmerte es sich um seine arme, gezerrte Nase und wickelte sie in kühle Bananenblätter und hängte sie in den großen grau-grün-fettigen Limpopo, um sie zu kühlen.

«Wozu tust du das?» fragte die scheckige Python-Felsenschlange.

«Tschuldigung», sagte das Elefantenkind, «aber meine Nase ist häßlich, außer Façon, und ich will abwarten, daß sie wieder kleiner wird.»

«Da kannst du lange warten», sagte die scheckige Python-Felsenschlange. «Es gibt Leute, die nicht wissen, was für sie gut ist.»

Drei Tage saß das Elefantenkind da und wartete, daß seine Nase wieder kleiner werden sollte. Aber sie wurde nicht kürzer; und außerdem wurde es schieläugig davon, daß es immer hinsah. Denn, mein Liebling, Du siehst und verstehst, daß das Krokodil die Nase zu einem wirklichen, wahrhaftigen Rüssel gezerrt hatte, so, wie alle Elefanten jetzt ihn haben.

Zu Ende des dritten Tages kam eine Fliege und stach das Elefantenkind in die Schulter, und ehe es noch wußte, was es tat, hob es seinen Rüssel auf und schlug die Fliege tot.

«Vorteil Nummer eins!» sagte die scheckige Python-Felsen-schlange. «Das hättest du mit einer bloßen Schmutznase nicht tun können. Versuche jetzt, ein bißchen zu essen.»

Ehe es noch wußte, was es tat, hatte das Elefantenkind seinen Rüssel ausgestreckt und ein großes Bündel Gras abgerissen, es gegen seine Vorderfüße abgestaubt und in sein eigenes Maul gesteckt.

«Vorteil Nummer zwei!» sagte die scheckige Python-Felsen-schlange. «Mit einer bloßen Schmutznase hättest du das nicht tun können. Findest du nicht, daß die Sonne hier heiß brennt?»

«Das tut sie», sagte das Elefantenkind, und ehe es noch wußte, was es tat, zog es eine Schaluppe voll Schlamm aus dem großen grau-grün-fettigen Limpopo und klatschte ihn auf seinen Kopf und machte sich so eine kühle, schlampige, pampige Matsch-mütze, von der es hinter den Ohren niedertröpfelte.

«Vorteil Nummer drei!» sagte die scheckige Python-Fel-senschlange. «Mit einer bloßen Schmutznase hättest du das nicht tun können. Möchtest du nun wohl wieder geklapst werden?»

«Tschuldigung», sagte das Elefantenkind, «aber ich möchte es gar nicht gern.»

«Aber möchtest du wohl jemand klapsen?»

«Das möchte ich sehr gern, wahrhaftig», sagte das Elefanten-kind.

«Nun», sagte die scheckige Python-Felsenschlange, «du wirst finden, daß deine neue Nase sehr gut zum Klapsen paßt.»

«Danke vielmals», sagte das Elefantenkind. «Ich will daran denken. Und jetzt will ich heimgehen zu meinen lieben Ver-wandten und es versuchen.»

So ging das Elefantenkind heim, quer durch Afrika, und schwang und schleuderte seinen Rüssel. Wenn es Früchte essen wollte, riß es Früchte von den Bäumen ab und wartete nicht, bis sie herabfielen, wie es sonst getan. Wenn es Gras wollte, riß es Gras aus der Erde, anstatt sich auf die Knie zu legen, wie es sonst getan. Wenn Fliegen stachen, brach es einen Zweig vom Baum und brauchte ihn als Fliegenwedel; und wenn die Sonne heiß brannte, machte es sich eine neue, kühle, schlampige, pampige Matschmütze. Wenn es sich einsam fühlte auf dem Marsch durch Afrika, sang es durch seinen Rüssel hinunter, und der Lärm war größer, als wenn verschiedene Musikkapellen auf Blasinstrumenten spielen. Es ging absichtlich vom Wege ab, um ein breites Hippopotamus (es war aber keine Verwandte) aufzusuchen, und es klapste es tüchtig, um sicher zu sein, daß die scheckige Python-Felsenschlange die Wahrheit von seinem Rüssel gesagt hätte. Die übrige Zeit hob es die Melonenschalen auf, die es auf dem Wege zum Limpopo fortgeworfen, denn es war ein schmucker Dickhäuter, der wußte, was sich schickt.

An einem dunklen Abend kam das Elefantenkind zurück zu all seinen lieben Verwandten und sagte:

«Wie befinden Sie sich?» Sie waren erfreut, es zu sehen, und sagten gleich: «Komm her und nimm deine Klapse für deine unersättliche Neugier.»

«Puh», sagte das Elefantenkind, «ich glaube, ihr Leute versteht nichts vom Klapsen; aber ich verstehe es und will es euch zeigen.»

Da wickelte es seinen Rüssel los und warf zwei seiner lieben Brüder kopfüber, kopfunter.

Dies ist ein Bild von dem Elefantenkind, wie es gerade Bananen von einem Bananenbaum pflückt, nachdem es seinen neuen langen Rüssel bekommen hat. Ich glaube, es ist kein sehr hübsches Bild; aber ich konnte es nicht besser machen, denn Elefanten und Bananen sind schwer zu zeichnen. Die streifigen Dinger hinter dem Elefantenkind sollen schmutzige, quabbelige Gegenden irgendwo in Afrika sein. Das Elefantenkind machte seine meisten Schlammützen aus dem Schlamm, den es da fand. Ich glaube, es würde besser aussehen, wenn Du den Bananenbaum grün und das Elefantenkind rot anmaltest.

«O Bananen!» riefen die, «wo hast du diesen Kniff gelernt, und was hast du mit deiner Nase angefangen?»

«Das Krokodil an den Ufern des großen grau-grün-fettigen Limpopoflusses hat mir eine neue gemacht», sagte das Elefantenkind. «Ich fragte es, was es zu Mittag ißt, und es gab mir die Nase zum Andenken.»

«Sie sieht sehr häßlich aus», sagte sein haariger Onkel Pavian.

«Das tut sie», sagte das Elefantenkind, «aber sie ist sehr nützlich», und es hob seinen haarigen Onkel Pavian in die Höhe und warf ihn in ein Hornissennest.

Dann klapste das böse Elefantenkind alle seine lieben Verwandten recht lange, bis sie alle sehr warm und schrecklich verwundert waren. Es zog seinem großen Onkel Strauß die Schwanzfedern aus und packte seine große Tante Giraffe bei den Hinterbeinen und schleifte sie durch einen Dornbusch; und es zischte seine breite Tante Hippopotamus aus und blies ihr Quark in die Ohren, wenn sie nach der Mahlzeit im Wasser schlief; aber Kolokolovogel durfte niemand anrühren.

Zuletzt wurden die Zustände so aufregend, daß seine lieben Verwandten, einer nach dem andern, fortliefen an die Ufer des großen grau-grün-fettigen Limpopostromes, rundum von Fieberbäumen eingefaßt, um sich von dem Krokodil neue Nasen zu fordern. Als sie zurückkamen, klapste keiner mehr den andern; und seit dem Tage, o mein Liebling, haben alle Elefanten, die Du jemals sehen wirst, und alle, die Du nicht sehen wirst, genausolche Rüssel wie das unersättliche neugierige Elefantenkind.

Der Singsang vom alten Mann Känguru

Nicht immer war das Känguru so, wie wir es jetzt sehen; es war ein ganz anderes Tier mit vier kurzen Beinen. Es war grau, und es war wollig, und sein Stolz war unmäßig. Es tanzte auf einem abgemähten Feld in der Mitte von Australien, und dann ging es zu dem kleinen Gott Nqa.

Es ging zu Nqa um sechs Uhr, vor dem Frühstück, und sagte: «Mach mich anders als alle anderen Tiere, bis heut nachmittag um fünf.»

Auf sprang Nqa von seinem Sitz auf dem Sandfleck und schrie: «Geh fort!»

Es war grau, und es war wollig, und sein Stolz war unmäßig. Es tanzte auf einer Felsenkante in der Mitte von Australien, und es ging zu dem mittleren Gott Nquing.

Es ging zu Nquing um acht, nach dem Frühstück, und sagte:

Dies ist das Bild vom Alten Mann Känguru, als er noch das andere Tier mit vier kurzen Beinen war. Ich habe das Känguru grau und wollig gezeichnet, und Du kannst sehen, wie stolz es war, denn es trägt einen Blumenkranz im Haar. Es tanzt auf einem Felsengrat (das bedeutet, auf dem hervorstehenden Rand eines Felsens) in der Mitte von Australien um sechs Uhr, vor dem Frühstück, Du kannst sehen, daß es sechs Uhr ist, denn die Sonne geht gerade auf. Das Ding mit den Ohren und dem offenen Mund ist der kleine Gott Nqa. Nqa ist sehr erstaunt, denn er hat noch niemals ein Känguru so tanzen sehen. Der kleine Gott Nqa sagt gerade: «Geh fort!» – aber das Känguru tanzt so fleißig, daß es ihn nicht gehört hat. Das Känguru hat keinen rechten Namen außer Prahlhans. Seinen richtigen Namen hat es verloren, weil es so stolz war.

«Mach mich anders als alle anderen Tiere; mach mich auch erstaunlich populär, bis heut nachmittag um fünf.»

Auf sprang Nquing aus seinem Loch in dem Gebirgsgrad Spinifex und schrie: «Geh fort!»

Es war grau, und es war wollig, und sein Stolz war unmäßig. Es tanzte auf einer Sandbank in der Mitte von Australien, und es ging zu dem dicken Gott Nquong.

Es ging zu Nquong um zehn Uhr, vor dem Mittagessen, und es sagte:

«Mach mich anders als alle anderen Tiere, und mach mich populär, und daß alle mir erstaunlich nachlaufen, bis heut nachmittag um fünf.»

Heraus sprang Nquong aus seinem Bad in dem Salztümpel und schrie:

«Ja, das will ich.»

Nquong rief Dingo – Gelben Hund Dingo, immer durstig, staubig im Sonnenschein – und zeigte ihm Känguru.

Nquong sagte: «Dingo! Wach auf, Dingo! Siehst du da den feinen Herrn, der auf dem Dreckhaufen tanzt? Er will populär werden, und man soll ihm erstaunlich nachlaufen. Dingo, besorge das für ihn!»

Auf sprang Dingo – Gelber Hund Dingo – und sagte:

«Was? Das langohrige Katzentier?»

Weg rannte Dingo – Gelber Hund, immer hungrig, grinsend wie ein Kohlenhulk –, rannte hinter Känguru her.

Weg rannte das stolze Känguru auf seinen vier kleinen Beinen wie ein Kaninchen.

So, o mein Liebling, endet der erste Teil dieser Geschichte.

*

Es rannte durch die Wüste; es rannte durch die Berge; es rannte durch die Salztümpel; es rannte durch das Röhricht; es rannte durch die Gummibäume; es rannte durch das Spinifex; es rannte, bis seine Vorderbeine schmerzten.

Es mußte!

Und Dingo rannte – Gelber Hund Dingo, immer hungrig, grinsend wie eine Rattenfalle –, kam nie näher, blieb nie ferner, rannte nach Känguru.

Er mußte!

Und Känguru rannte – Alter Mann Känguru. Er rannte durch die Nutzholzbäume; er rannte durch die Maulbeerbäume; er rannte durch das lange Gras; er rannte durch das kurze Gras; er rannte durch die Wendekreise des Steinbocks und des Krebses; er rannte, bis seine Hinterbeine schmerzten.

Er mußte!

Und Dingo rannte – Gelber Hund Dingo, immer hungriger und hungriger, grinsend wie ein Pferdekummet –, kam nie näher, blieb nie ferner; und sie kamen zu dem Wollgongfluß.

Und da war gar keine Brücke, und da war gar kein Fährboot, und Känguru wußte nicht, wie es hinüberkommen sollte. So stellte es sich auf seine Hinterbeine – und hopste.

Es mußte!

Es hopste durch die Büsche; es hopste durch die Wische (plattdeutsch Wiese); es hopste durch die Wüsten in der Mitte von Australien. Es hopste wie ein Känguru.

Erst hopste es eine Elle; dann hopste es drei Ellen; dann hopste es fünf Ellen; seine Beine wurden länger. Es hatte keine Zeit, zu ruhen oder zu essen, und es hatte es sehr nötig.

Und Dingo rannte – Gelber Hund Dingo, immer sehr er-

Dies ist das Bild vom Alten Mann Känguru, um fünf Uhr nachmittags, als er gerade seine wunderschönen Hinterbeine bekommen hat, wie der dicke Gott Nquong versprochen. Du kannst sehen, daß es fünf Uhr ist, denn die zahme Lieblings-Uhr des dicken Gottes Nquong zeigt auf fünf. Das ist Nquong in seinem Bad, wie er die Füße heraussteckt. Alter Mann Känguru wird grob gegen Gelben Hund Dingo. Gelber Hund Dingo hat versucht, Känguru zu packen, durch ganz Australien hindurch. Du kannst die Spuren von Kängurus neuen, großen Füßen verfolgen, bis ganz weit zurück, auf den kahlen Hügeln. Gelber Hund Dingo ist schwarz gezeichnet, denn ich habe keine Erlaubnis, diese Bilder mit richtigen Farben aus dem Tuschkasten zu malen, und außerdem wurde Gelber Hund Dingo so furchtbar schwarz von dem Rennen durch die Kohlen und die Schlacken.

Die Namen der Blumen, die um Nquongs Badewanne herum wachsen, weiß ich nicht. Die beiden kleinen, quabbeligen Dinger draußen in der Wüste sind die beiden andern Götter, zu denen Alter Mann Känguru früh am Morgen sprach. Das Ding mit den Buchstaben darauf ist Alten Mannes Känguru Beutel. Es mußte einen Beutel haben, ebensogut, wie es Beine haben mußte.

staunt, immer sehr hungrig –, und wunderte sich, warum in der Welt oder aus der Welt Alter Mann Känguru hopste!

Denn er hopste wie 'ne Grille, wie 'ne Erbse im Kochtopf, wie ein neuer Gummiball auf dem Boden der Kinderstube.

Er mußte!

Er zog die Vorderbeine in die Höhe; er hopste auf seinen Hinterbeinen; er streckte seinen Schwanz hinten aus wie eine Balancierstange; und er hopste durch das Darlinggebirge.

Er mußte!

Und Dingo rannte – Müder Hund Dingo, hungriger und hungriger, immer sehr erstaunt und immer sehr verwundert, daß Alter Mann Känguru noch nicht stillstand.

Da kam Nquong aus seinem Bad in dem Salztümpel und sagte:

«Es ist fünf Uhr.»

Nieder setzte sich Dingo – Armer Hund Dingo, immer hungrig, immer staubig im Sonnenschein –, streckte die Zunge heraus und heulte.

Nieder setzte sich Känguru – Alter Mann Känguru –, streckte seinen Schwanz hinter sich aus wie einen Melkschemel und sagte: «Dem Himmel sei Dank, das ist abgemacht.»

Da sagte Nquong, der immer ein feiner Mann ist: «Warum bist du Gelbem Hund Dingo nicht dankbar? Warum bedankst du dich nicht bei ihm für alles, was er für dich getan hat?»

Da sagte Känguru – Müdes Altes Känguru:

«Er hat mich gejagt aus der Heimat meiner Kindheit; er hat mich gejagt aus meinen regelmäßigen Eßzeiten; er hat meine Gestalt verändert, daß sie nie wieder wird wie sie war; und er hat Teufelsspuk mit meinen Beinen getrieben.»

Da sagte Nquong: «Vielleicht irre ich mich – aber verlangtest du nicht von mir, daß ich dich anders machte als alle anderen Tiere und daß man dir nachlaufen sollte? Und jetzt ist es fünf Uhr.»

«Ja», sagte Känguru, «aber ich wollte, ich hätte es nicht getan. Ich dachte, du machtest das mit Zaubermitteln und Beschwörungen. Das aber war ein Schabernack.»

«Schabernack!» sagte Nquong aus seinem Bad in dem blauen Gummifluß. «Sag das noch einmal, und ich pfeife Dingo, daß er dir die Hinterbeine abrennt.»

«Nein», sagte das Känguru. «Ich muß mich entschuldigen. Beine sind Beine; du brauchst sie nicht zu ändern, was mich betrifft. Ich wollte nur Ew. Gnaden bemerken, daß ich seit morgens früh nichts gegessen habe und daß ich sehr leer bin.»

«Ja», sagte Dingo – Gelber Hund Dingo, «ich bin just in derselben Lage. Ich habe es anders gemacht als alle anderen Tiere. Aber was werde ich zu meinem Tee haben?»

Da sagte Nquong aus seinem Bad im Salztümpel:

«Komm und frag mich morgen danach, denn jetzt muß ich mich waschen.»

So wurden sie in der Mitte von Australien gelassen, Alter Mann Känguru und Gelber Hund Dingo, und einer sagte zum andern:

«Das ist deine Schuld.»

Die Entstehung des Gürteltiers

Dies, mein Liebling, ist eine neue Geschichte aus den weitentfernten Zeiten. Gerade in der Mitte dieser Zeiten gab es einen sticklichen, pricklichen Igel, und er lebte an den Ufern des stürmischen Amazonenstromes, und er aß Schalenschnecken und so was. Und er hatte einen Freund, eine langsame und harte Schildkröte, die lebte an den Ufern des stürmischen Amazonenstromes und aß grünen Lattich und so was. Und so war alles gut, Liebling, siehst Du!

Aber zu derselben Zeit, in den weitentfernten Zeiten, da gab es einen Gefleckten Jaguar, und er lebte auch an den Ufern des stürmischen Amazonenstromes, und er aß alles, was er erwischen konnte. Wenn er keine Affen oder Wild erwischen konnte, aß er Frösche und Käfer; und wenn er keine Frösche oder Käfer erwischen konnte, ging er zu seiner Mutter Jaguar, und die erzählte ihm, wie man Igel und Schildkröten ißt.

Sie sagte ihm, wer weiß wie oft und ihren Schwanz anmutig schwenkend:

«Mein Sohn, wenn du einen Igel findest, mußt du ihn ins Wasser werfen, dann wird er sich auseinanderrollen, und wenn du eine Schildkröte erhaschst, mußt du sie mit deiner Pfote aus ihrer Schale herausscharren.»

Und so war alles gut, Liebling.

In einer schönen Nacht fand der Gefleckte Jaguar an den Ufern des stürmischen Amazonenstroms den sticklichen, pricklichen Igel und die langsame und harte Schildkröte unter dem Stumpf von einem gefallenen Baum sitzend. Fortlaufen konnten sie nicht, und so rollte Stickel-Prickel sich zu einer Kugel zusammen, denn er war ein Igel; und Langsam-und-Hart zog ihren Kopf und ihre Füße in ihre Schale hinein, so weit es ging, denn sie war eine Schildkröte; und so war alles gut, siehst Du, Liebling.

«Nun, paßt auf», sagte der Gefleckte Jaguar, «denn dies ist sehr wichtig! Meine Mutter sagte: Wenn ich einen Igel fände, sollte ich ihn ins Wasser werfen, dann würde er sich auseinanderrollen, und wenn ich eine Schildkröte fände, sollte ich sie mit meiner Pfote aus ihrer Schale herausscharren. Wer von euch ist nun Igel und wer Schildkröte? Denn, bei meinen Flecken!, ich kann's nicht sagen.»

«Weißt du ganz sicher, was deine Mammi Dir sagte?» fragte Stickel-Prickel-Igel. «Weißt du es ganz sicher? Vielleicht sagte sie: Wenn du eine Schildkröte abwickelst, mußt du sie mit einer Schaufel aus dem Wasser schälen, und wenn du einen Igel herausscharrst, mußt du ihn auf die Schale werfen.»

«Weißt du sicher, was deine Mammi dir sagte?» fragte Langsam-und-Hart. «Weißt du es ganz sicher? Vielleicht sagte sie: Wenn du einen Igel auswässerst, mußt du ihn in deine Pfote nehmen, und wenn du eine Schildkröte triffst, mußt du sie schälen, bis sie abwickelt?»

«Ich glaube, es war gar nicht so», sagte Gefleckter Jaguar; doch er wurde ein bißchen verwirrt; «aber bitte, sagt es noch einmal, und deutlicher.»

«Wenn du Wasser mit deiner Pfote schaufelst, wickelst du einen Igel ab», sagte Stickel-Prickel. «Behalte es wohl, denn es ist wichtig.»

«Aber», sagte die Schildkröte, «wenn du dein Fleisch herausscharrst, wirfst du es mit einer Schaufel in eine Schildkröte. Kannst du das gar nicht begreifen?»

«Meine Flecken schmerzen mich ordentlich vor Anstrengung», sagte Gefleckter Jaguar, «und euren Rat habe ich gar nicht verlangt. Ich wollte nur wissen, wer Igel ist und wer Schildkröte ist.»

«Ich sage es dir nicht», sagte Stickel-Prickel. «Aber du kannst mich aus meiner Schale herausschaufeln, wenn es dir Spaß macht.»

«Aha!» sagte Gefleckter Jaguar, «nun weiß ich es, du bist Schildkröte.»

Der Gefleckte Jaguar streckte schnell seine weiche Pfote aus, gerade als Stickel-Prickel sich zusammenrollte, und natürlich war Jaguars weiche Pfote gleich voll von Stacheln. Noch schlimmer aber, er stieß Stickel-Prickel weg, immer weiter weg, in den Wald und in die Büsche, wo es zu dunkel war, um ihn zu sehen. Dann steckte er seine weiche Pfote in sein Maul, und natürlich taten die Stacheln noch weher. Sobald er reden konnte, sagte er:

«Nun weiß ich es, er ist gar nicht Schildkröte. Aber» – und er kratzte sich den Kopf mit seiner unstacheligen Pfote – «aber, wie soll ich wissen, ob das andere Ding Schildkröte ist?»

«Aber ich bin Schildkröte», sagte Langsam-und-Hart. «Deine Mutter hatte ganz recht. Sie sagte, du solltest mich mit deiner Pfote aus meiner Schale herausscharren. Fang an!»

«Vor einer Minute sagtest du, sie hätte das nicht gesagt», sagte Gefleckter Jaguar, die Stacheln aus seiner weichen Pfote aussaugend. «Du sagtest, sie hätte ganz was anderes gesagt.»

«Gut, nimm an, du sagst, ich hätte gesagt, daß sie ganz was anderes sagte, so sehe ich nicht ein, daß das einen Unterschied macht. Denn, wenn sie sagte, was du sagst, ich hätte gesagt, was sie sagte, so ist es ganz dasselbe, als wenn ich sagte, sie hätte gesagt, was ich sagte. Und auf der anderen Seite, wenn du denkst, sie sagte, du solltest mich mit einer Schaufel abwickeln, anstatt mich mit einer Schale in kleine Stücke zu schlagen, so kann ich nichts dafür, nicht wahr?»

«Aber du sagtest, du wolltest mit meiner Pfote aus deiner Schale geschart werden», sagte der Gefleckte Jaguar.

«Wenn du dich besinnst, wirst du finden, daß ich nichts derart sagte. Ich sagte, daß deine Mutter sagte, du solltest mich aus meiner Schale herausschaufeln», sagte Langsam-und-Hart.

«Und was wird passieren, wenn ich es tue?» sagte Jaguar, sehr vorsichtig und sehr schnüffelig.

«Ich weiß es nicht, denn ich bin noch nie aus meiner Schale geschaufelt worden; aber ich sage dir getreulich, wenn du mich schwimmen sehen willst, brauchst du mich nur ins Wasser zu werfen.»

«Ich glaube es nicht», sagte Gefleckter Jaguar, «du hast alles durcheinandergebracht, was meine Mutter mir sagte und was du mich fragtest, ob sie es mir nicht gesagt hätte – ich weiß nicht mehr, ob ich auf meinem Kopf oder auf meinem bunten Schwanz stehe; und nun sagst du mir etwas, das ich verstehen kann, und das bringt alles noch mehr durcheinander. Meine Mutter sagte mir, ich sollte einen von euch ins Wasser werfen, und da du durchaus ins Wasser geworfen sein willst, so glaube ich nicht, daß du der rechte bist. Na ja, meinetwegen! Spring in den stürmischen Amazonenfluß, aber spute dich!»

«Ich glaube, das wird deiner Mammi nicht gefallen», sagte Langsam-und-Hart. «Sage nur nicht, daß ich es dir nicht gesagt hätte!»

«Wenn du noch ein Wort sagst von dem, was meine Mutter gesagt ...», antwortete Gefleckter Jaguar, aber ehe er aussprechen konnte, tauchte Langsam-und-Hart still in den stürmischen Amazonenstrom, schwamm eine lange Strecke unter dem Wasser fort und kam an der Stelle heraus, wo Stickel-Prickel auf sie wartete.

«Da sind wir noch mit knapper Not davongekommen», sagte Stickel-Prickel, «ich mag Gefleckter Jaguar gar nicht leiden. Was sagtest du ihm, daß du wärest?»

«Ich sagte ihm ganz wahrhaftig, daß ich eine wahrhaftige Schildkröte wäre, aber er wollte es nicht glauben, und er ließ mich in den Fluß springen, zu sehen, ob ich es wäre, und ich war es, und er verwunderte sich. Nun ist er hingegangen, es seiner Mammi zu erzählen. Hör ihn!»

Sie hörten den Gefleckten Jaguar zwischen den Bäumen und Büschen an der Seite des stürmischen Amazonenstroms herumbrüllen, bis seine Mammi kam.

«Sohn, Sohn!» sagte seine Mutter, wer weiß wie oft, und

schwenkte anmutig ihren Schwanz, «was hast du getan, das du nicht tun solltest?»

«Ich versuchte, etwas herauszuscharren mit meiner Pfote, das sagte, es wollte herausgescharrt werden, und meine Pfote ist voll von Stacheln.»

«Sohn, Sohn!» sagte seine Mutter, wer weiß wie oft, und schwenkte anmutig ihren Schwanz, «an den Stacheln in deiner weichen Pfote sehe ich, daß das ein Igel gewesen sein muß. Du hättest ihn ins Wasser werfen sollen.»

«Das tat ich mit dem andern Ding; und es sagte, daß es Schild-kröte wäre, aber ich glaubte es nicht; und es war doch wahr, und es tauchte in den stürmischen Amazonenstrom und wird nicht wieder heraufkommen; und ich habe nichts zu essen, und ich glaube, wir sollten anderswo Logis suchen. Hier an dem stürmi-schen Amazonenstrom sind sie zu klug für mich armen kleinen Kerl.»

«Sohn, Sohn!» sagte seine Mutter, wer weiß wie oft, und schwenkte anmutig ihren Schwanz. «Nun paß auf und behalte wohl, was ich sage. Ein Igel rollt sich auf zu einer Kugel, und seine Stacheln prickeln überall auf einmal. Daran kannst du den Igel erkennen.»

«Diese alte Dame mag ich nicht ein kleines bißchen leiden», sagte Stickel-Prickel im Schatten eines breiten Blattes. «Ich frage mich, was sie sonst noch weiß.»

«Eine Schildkröte kann sich nicht aufrollen», sagte Mutter Jaguar, wer weiß wie oft, und schwenkte anmutig ihren Schwanz. «Sie zieht nur ihren Kopf und ihre Beine in ihre Schale hinein. Daran kannst du eine Schildkröte erkennen.»

«Ich mag diese alte Dame durchaus nicht, durchaus nicht leiden», sagte Langsam-und-Hart ebenfalls unter einem Blatt. «Selbst der Gefleckte Jaguar muß solche Anweisungen im Kopf behalten. Es ist sehr schade, daß du nicht schwimmen kannst, Stickel-Prickel.»

«Rede nicht so», sagte Stickel-Prickel. «Denke lieber, wie viel besser es sein würde, wenn du dich aufrollen könntest. Dies ist eine böse Geschichte. Hör nur den Gefleckten Jaguar!»

Gefleckter Jaguar saß auf dem Ufer des stürmischen Amazonenstroms, saugte Stacheln aus seiner weichen Pfote und sprach zu sich selbst:

«Stickel-Prickel kann nicht schwimmen,
Langsam-und-Hart sich nicht krümmen,
Dran erkenn ich diese Schlimmen.»

«Das wird er nie vergessen, an allen Sonntagen des Monats nicht», sagte Stickel-Prickel. «Halte mein Kinn über Wasser, Langsam-und-Hart, ich will versuchen, ob ich schwimmen lerne. Es kann nützlich werden.»

«Ausgezeichnet», sagte Langsam-und-Hart; und sie hielt Stickel-Prickels Kinn empor, während Stickel-Prickel in den Wassern des stürmischen Amazonenstroms herumpatschte.

«Du kannst noch ein guter Schwimmer werden», sagte Langsam-und-Hart. «Wenn du nun meine Rückenpanzerung ein bißchen lose machen wolltest, will ich das Zusammenrollen versuchen. Es könnte nützlich werden.»

Stickel-Prickel half Langsam-und-Hart, die Rückenplatten lose machen, und mit Drehen und Winden kam sie so weit, sich ein niedliches, kleines Stück zusammenzurollen.

«Ausgezeichnet», sagte Stickel-Prickel. «Aber du solltest jetzt Pause machen. Du wirst ganz schwarz im Gesicht. Hilf mir gütigst noch einmal ins Wasser hinein, ich will den Seitenschlag einüben, der, wie du sagst, so leicht ist.» Und so übte sich Stikkel-Prickel, und Langsam-und-Hart schwamm nebenher.

«Ausgezeichnet», sagte Langsam-und-Hart. «Noch ein bißchen Übung, dann kannst du wie ein Walfisch schwimmen. Wenn ich dich nun bemühen dürfte, meine Hinter- und Vorderplatten zwei Löcher weiter loszumachen, so möchte ich das interessante Krümmen versuchen, das, wie du sagst, so leicht ist. Wie wird Gefleckter Jaguar sich wundern!»

«Ausgezeichnet», sagte Stickel-Prickel, noch ganz naß vom stürmischen Amazonenfluß. «Ich muß sagen, ich könnte dich kaum von meiner eigenen Familie unterscheiden. Zwei Löcher, glaube ich, sagtest du? Nur noch ein bißchen mehr Ausdruck im Gesicht, bitte! Und grunze nicht so viel; der Gefleckte Jaguar könnte es hören. Wenn du fertig bist, will ich das Untertauchen versuchen, das, wie du sagst, so leicht ist. Wird Gefleckter Jaguar sich wundern!»

Und so tauchte Stickel-Prickel, und Langsam-und-Hart tauchte ihm zur Seite.

«Ein bißchen mehr den Atem anhalten, und du wirst auf dem Grund des stürmischen Amazonenstroms haushalten können. Nun will ich mich üben, meine Hinterbeine um die Ohren zu wickeln, was, wie du sagst, so besonders behaglich ist. Wird Gefleckter Jaguar sich wundern!»

«Ausgezeichnet», sagte Stickel-Prickel. «Aber es bringt deine Rückenplatten ein bißchen in Unordnung. Sie liegen alle übereinander, anstatt nebeneinander.»

Dies ist das Bild von der ganzen Geschichte des Jaguars, des Igels, der Schildkröte und des Gürteltiers, alles auf einmal. Es sieht immer gleich aus, Du magst es drehen, wie Du willst. Die Schildkröte ist in der Mitte; sie lernt gerade, sich zu biegen, deshalb sind die Schalenplatten auf ihrem Rücken etwas seitwärts geschoben. Sie steht auf dem Igel, der darauf wartet, schwimmen zu lernen. Der Igel ist ein japanischer Igel, weil ich unsere eignen Igel im Garten nicht finden konnte, als ich sie zeichnen wollte. (Es war heller Tag, und sie hatten sich unter den Georginen zu Bett gelegt.) Fleckiger Jaguar schaut über den Rand, und seine weiche Pfote ist von seiner Mutter sorgfältig verbunden, denn er stach sich, als er den Igel herausschaufeln wollte. Er sieht sehr erstaunt zu, was die Schildkröte macht, und seine Pfote tut ihm weh. Das schnauzige Ding mit dem kleinen Auge, über das Fleckiger Jaguar wegklettern will, ist das Gürteltier, zu dem Igel und Schildkröte werden wollen, wenn sie Schwimmen und Biegen gelernt haben. Es ist ein sehr magisches Bild; und das ist einer der Gründe, weshalb ich dem Jaguar keinen Backenbart gezeichnet habe. Der andere Grund ist: weil er so sehr jung war und noch keinen Backenbart hatte. Der Kosename, mit dem Jaguars Mammi ihn rief, war: Stoffel.

«Oh, das kommt von der Bewegung», sagte Langsam-und-Hart. «Ich habe auch bemerkt, daß deine Stacheln ganz ineinandergeraten sind, und du siehst mehr wie ein Tannenzapfen als wie ein Igel aus.»

«Wirklich?» sagte Stickel-Prickel. «Das kommt vom Wasser-Einsaugen. Oh, wie wird Gefleckter Jaguar verwundert sein!»

Sie fuhren fort, sich zu üben, bis der Morgen kam, und eins half dem anderen; und als die Sonne hoch stand, ruhten sie sich aus und trockneten sich. Und dann sahen sie, daß sie ganz anders geworden waren, als sie gewesen.

«Stickel-Prickel», sagte Langsam-und-Hart nach dem Frühstück, «ich bin nicht, was ich gestern war; aber ich denke, ich werde dem Gefleckten Jaguar noch gefallen.»

«Ich dachte gerade dasselbe», sagte Stickel-Prickel. «Ich finde, daß Stacheln über Schalen eine ungeheure Verbesserung sind – abgesehen von dem Vorteil, schwimmen zu können. Oh, wird Gefleckter Jaguar erstaunt sein! Laß uns gehen, ihn zu suchen.»

Nach und nach fanden sie Gefleckten Jaguar, der noch immer die weiche Pfote leckte, die die Nacht vorher verwundet worden war; und er war so verwundert, daß er dreimal nacheinander rückwärts über seinen eignen bunten Schwanz fiel.

«Guten Morgen», sagte Stickel-Prickel. «Und wie befindet sich deine anmutige Mammi heute?»

«Sie ist ganz wohl, danke sehr», sagte Gefleckter Jaguar, «aber ihr müßt verzeihen, daß ich mich im Augenblick nicht auf euern Namen besinnen kann.»

«Das ist nicht höflich von dir», sagte Stickel-Prickel, «da du gestern um diese Zeit versuchen wolltest, mich mit deiner Pfote aus meiner Schale herauszuscharren.»

«Aber du hattest keine Schale, nur Stacheln. Ich weiß es ganz gewiß. Sieh nur meine Pfote an.»

«Du befahlst mir, in den stürmischen Amazonenstrom zu tauchen und zu ertrinken», sagte Langsam-und-Hart. «Warum bist du heute so grob und so vergeßlich?»

«Weißt du nicht mehr, was deine Mutter dich lehrte?» sagte Stickel-Prickel:

> «Stickel-Prickel kann nicht schwimmen,
> Langsam-und-Hart sich nicht krümmen,
> Dran erkenn ich diese Schlimmen.»

Da rollten sie sich alle beide zusammen und rollten und rollten rund um den Gefleckten Jaguar herum, bis seine Augen so groß wie Wagenräder in seinem Kopf wurden.

Dann lief er fort und holte seine Mutter.

«Mutter», sagte er, «es sind zwei neue Tiere angekommen; und das eine, von dem du sagtest, es könnte nicht schwimmen, schwimmt; und das andere, von dem du sagtest, es könnte sich nicht zusammenrollen, rollt sich zusammen; und die Stacheln haben sie sich, glaube ich, geteilt, denn beide sind über und über panzerig, anstatt daß das eine glatt und das andere sehr stachelig war; und noch dazu rollen sie beide rund und rund im Kreise herum, und ich fühle mich nicht behaglich.»

«Sohn, Sohn!» sagte Mutter Jaguar, wer weiß wie oft, und schwenkte anmutig ihren Schwanz. «Ein Igel ist ein Igel, und kann nichts anderes als ein Igel sein; und eine Schildkröte ist eine Schildkröte, und kann nichts anderes sein.»

«Aber es ist kein Igel, und es ist keine Schildkröte; es ist ein kleines bißchen von beiden, und einen Namen hat es nicht.»

«Unsinn», sagte Mutter Jaguar. «Jedes Ding hat einen Namen. Ich würde es Gürteltier nennen, bis ich einen richtigeren Namen fände, und ich würde es in Ruhe lassen.»

So tat Gefleckter Jaguar, wie ihm gesagt wurde, besonders mit dem «in Ruhe lassen». Aber von dem Tage bis heute, o mein Liebling, hat keiner am Ufer des stürmischen Amazonenstroms Stickel-Prickel und Langsam-und-Hart anders genannt als Gürteltier. Es gibt natürlich Igel und Schildkröten an anderen Orten (es sind auch einige in meinem Garten); aber die wirkliche, alte, kluge Art, mit den Schalen, die lipperig-lapperig übereinanderliegen wie Tannenzapfenschuppen und die in den fernen Tagen an den Ufern des stürmischen Amazonenstroms lebte, wird immer «Gürteltier» genannt, weil sie so klug ist. So ist alles gut, siehst Du, Liebling.

Wie der erste Brief geschrieben wurde

Es lebte einmal in sehr frühen Zeiten ein Steinzeitmann. Er war kein Jütländer, er war kein Angel, er war nicht einmal ein Drawide, der er doch hätte sein können. Aber, was geht das uns an, Liebling! Er war ein Urweltmensch, und er lebte höhlenartig in einer Höhle und hatte nur sehr wenig Zeug an und konnte nicht lesen und konnte nicht schreiben und hatte auch keine Lust dazu; und wenn er nicht hungrig war, war er sehr vergnügt. Sein Name war Tegumai Bopsulai, das bedeutet: Mann, der seinen Fuß nicht eilig vorwärts setzt. Aber wir, Liebling, wir nennen ihn kurzweg Tegumai. Und seine Frau hieß Teschumai Tewindrow, und das bedeutet: Dame, die sehr viel zu fragen hat; aber wir, Liebling, wir nennen sie kurzweg Teschumai. Und der Name seiner kleinen Mädchentochter war Taffimai Metallumai, und das bedeutet: Kleine Person ohne irgendwelche Manieren, die geklapst werden müßte; aber ich werde sie Taffy nennen. Und sie war Tegumai Bopsulais Liebling und ihrer Mammi Liebling; und sie wurde nicht halb soviel geklapst, wie gut für sie gewesen wäre, und sie lebten alle drei sehr glücklich. Sobald Taffy umherlaufen konnte, ging sie überall mit, wohin ihr Papachen Tegumai ging, und oft kamen sie erst wieder in die Höhle, wenn sie hungrig waren, und dann sagte Teschumai Tewindrow:

«Wo in aller Welt seid ihr beide gewesen, um so schrecklich schmutzig zu werden? Wirklich, mein Tegumai, du bist nicht besser als meine Taffy!»

Nun höre und paß auf!

Eines Tages ging Tegumai Bopsulai durch den Bibersumpf nach dem Wagaifluß, um Karpfen zum Mittagessen zu spießen, und Taffy ging mit.

Tegumais Spieß war aus Holz gemacht, mit Haifischzähnen am Ende, und ehe er noch einen Fisch gefangen hatte, brach er ihn zufällig mittendurch, weil er ihn zu fest auf den Grund des Flusses gestoßen hatte. Sie waren Meilen und Meilen weg von Zuhause (natürlich hatten sie ihr Frühstück in einem kleinen Sack bei sich), und Tegumai hatte vergessen, einen Ersatzspieß mitzunehmen.

«Das ist 'ne schöne Bescherung», sagte Tegumai. «Es dauert einen halben Tag, bis ich ihn wieder zurechtgemacht habe.»

«Dein großer schwarzer Speer ist zu Hause», sagte Taffy. «Laß mich nach der Höhle laufen und Mammi sagen, daß sie mir den gibt.»

«Es ist zu weit für deine kleinen fetten Beine», sagte Tegumai. «Du könntest auch in den Bibersumpf fallen und ertrinken. Wir müssen sehen, wie wir so fertig werden.»

Er setzte sich hin und nahm einen kleinen ledernen Flickbeutel mit Rentiersehnen und Lederstreifchen und Klümpchen Bienenwachs und Harz und fing an, seinen Spieß zu flicken. Taffy setzte sich auch hin, plätscherte mit den Zehen im Wasser, stützte das Kinn in die Hand und dachte sehr ernsthaft nach. Dann sagte sie:

«Ich sage, Papachen, es ist scheußlich, daß wir beide nicht schreiben können, siehst du? Wenn wir es könnten, könnten wir den anderen Speer bestellen.»

«Taffy», sagte Tegumai, «wie oft habe ich dir gesagt, daß du keine unfeinen Ausdrücke gebrauchen sollst. Scheußlich ist kein feines Wort – aber ein Vorteil wäre es allerdings, wenn wir nach Hause schreiben könnten.»

Gerade da kam ein fremder Mann am Fluß entlang, aber er gehörte zu einem fernen Stamm, den Tewaras; und er verstand kein Wort von Tegumais Sprache. Er stand auf dem Ufer und lächelte Taffy zu, denn er hatte auch eine kleine Mädchentochter zu Hause. Tegumai zog einen Strang Rentiersehne aus seinem Flickbeutel und fing an, seinen Speer zu flicken.

«Komm hierher», sagte Taffy, «weißt du, wo meine Mammi wohnt?»

Und der fremde Mann sagte: «Um» – weil er ein Tewara war, wie du weißt.

«Dumm», sagte Taffy. Und sie stampfte mit dem Fuß, denn sie sah einen Schwarm fetter Karpfen vorbeiziehen, gerade als ihr Väterchen seinen Speer nicht gebrauchen konnte.

«Belästige erwachsene Personen nicht», sagte Tegumai und war so mit seiner Flickarbeit beschäftigt, daß er sich nicht einmal umsah.

«Das tue ich nicht», sagte Taffy. «Ich will nur, daß er tut, was ich will, daß er tut, und er will mich nicht verstehen!»

«Dann plage mich nicht», sagte Tegumai, und er zog und drehte an den Tiersehnen und hielt die losen Enden im Mund. Der fremde Mann – ein unverfälschter Tewara war er – setzte sich wieder auf das Gras, und Taffy zeigte ihm, was ihr Papa machte.

Der fremde Mann dachte:

Dies ist ein sehr wunderbares Kind. Sie stampft mit dem Fuß, und sie schneidet mir Gesichter zu. Sie muß die Tochter dieses edlen Häuptlings sein, der so vornehm ist, daß er mich gar nicht beachtet.

Und er lächelte noch höflicher als vorher.

«Höre», sagte Taffy, «ich will, daß du zu meiner Mammi gehst, denn deine Beine sind länger als meine, und du wirst nicht in den Bibersumpf fallen, und du sollst Papas anderen Speer fordern – den mit dem schwarzen Griff, der über unserem Herd hängt.»

Der fremde Mann (und er war ein Tewara) dachte:

Dies ist ein sehr, sehr wunderbares Kind. Sie schwenkt ihre Arme, und sie schreit mich an, aber ich verstehe kein Wort von dem, was sie sagt. Wenn ich aber nicht tue, was sie will, so fürchte ich, daß dieser hochmütige Häuptling, der dem Besuch den Rücken zudreht, sehr ärgerlich wird.

Er stand auf, schnitt ein großes plattes Stück Rinde von einer Birke ab und gab es Taffy. Er tat das, Liebling, um anzudeuten, daß sein Herz so weiß wäre wie die Birkenrinde und daß er nichts Böses im Sinne hätte, aber Taffy verstand ihn nicht richtig.

«Oh!» rief sie, «jetzt verstehe ich. Du willst Mammis genaue Adresse haben? Ich kann natürlich nicht schreiben, aber Bilder malen kann ich, wenn ich was Spitzes habe, um damit zu krit-zeln. Bitte leihe mir den Haifischzahn von deinem Halsband.»

Der fremde Mann (und er war ein Tewara) dachte: Dies ist ein sehr, sehr wunderbares Kind. Der Haifischzahn an meinem Halsband ist ein magischer Haifischzahn, und man sagte mir immer, wer ihn ohne Erlaubnis berührte, würde augenblicklich aufschwellen oder platzen. Aber dieses Kind schwillt nicht auf und platzt nicht, und dieser vornehme Häuptling, der fest bei seiner Beschäftigung bleibt und noch nicht die geringste Notiz von mir genommen hat, scheint gar nicht zu fürchten, daß sie aufschwillt oder platzt. Ich will lieber noch höflicher sein.

So gab er Taffy den Haifischzahn, und sie legte sich platt auf den Bauch, Füße in der Luft (wie gewisse Leute im Gesell-schaftszimmer auf dem Boden, wenn sie Bilder malen wollen), und sie sagte:

«Nun will ich dir wunderhübsche Bilder malen! Du kannst mir über die Schulter sehen, aber du darfst mich nicht anstoßen. Zuerst male ich Väterchen, der fischt. Er sieht ihm nicht sehr ähn-lich, aber Mammi wird ihn kennen, weil ich seinen zerbrochenen Spieß mit gemalt habe. Nun will ich den andern Spieß malen, den er haben muß, den schwarzgriffigen Speer. Es sieht aus, als wenn er in Papachens Rücken steckte, aber das kommt davon, daß der Haifischzahn ausglitschte und weil das Stück Rinde nicht groß genug ist. Dies ist der Speer, den du holen sollst. Nun will ich ein Bild malen, das bin ich, wie ich dir das erkläre. Mein Haar steht nicht so in die Höhe, wie ich es gemalt habe, aber es ist leichter so zu malen. Nun will ich dich malen. Ich glaube, du bist recht hübsch, wirklich, aber ich kann dich nicht hübsch malen. Du darfst nicht beleidigt sein. Bist du beleidigt?»

Der fremde Mann (und er war ein Tewara) lächelte. Er dachte: Es muß da irgendwo eine große Schlacht geschlagen werden, und dieses außerordentliche Kind, das meinen magischen Haifischzahn nimmt und nicht aufschwillt und nicht platzt, befiehlt mir, daß ich den Stamm des mächtigen Häuptlings zu seiner Hilfe herbeirufe. Er ist ein mächtiger Häuptling, sonst hätte er mich beachtet.

«Sieh her!» sagte Taffy, die sehr eifrig und ein bißchen kritzelig malte, «das bist du; und ich habe den Speer, den Papa haben muß, in deine Hand gemalt, damit du daran denkst, daß du ihn mitbringen mußt. Nun will ich dir die genaue Adresse von meiner Mammi sagen. Du gehst so lange, bis du an zwei Bäume kommst (dies sind Bäume), und dann gehst du über einen Hügel (dies ist ein Hügel), und dann kommst du an den Bibersumpf, und der ist ganz voll von Bibern. Ich habe nicht die ganzen Biber hingemalt, weil ich keine Biber malen kann. Ich habe nur ihre Köpfe gemalt, und weiter siehst du auch nichts, wenn du durch den Sumpf gehst. Paß auf, daß du nicht hineinfällst! Und unsere Höhle ist just hinter dem Bibersumpf. Sie ist nicht so hoch wie der Hügel, wirklich nicht; aber ich kann die Sachen nicht so klein malen. Das hier draußen ist meine Mammi. Sie ist sehr schön. Sie ist die schönste Mammi, die es je gegeben hat, aber sie wird es nicht übelnehmen, daß ich sie so häßlich malte. Sie wird sich schon freuen, daß ich malen kann. Damit du ihn nun nicht vergißt, habe ich den Speer draußen an die Höhle gemalt. Er ist aber inwendig; und wenn du meiner Mammi das Bild zeigst, wird sie ihn dir geben. Ich habe Mammi so gemalt, daß sie ihre Hände in die Höhe hält, denn ich weiß, sie wird sich so freuen, dich zu sehen. Ist es nicht ein hübsches Bild?

Und hast du alles verstanden? Oder soll ich noch einmal alles erklären?»

Der fremde Mann (und er war ein Tewara) sah das Bild an und nickte sehr ernsthaft. Er sagte zu sich selbst: «Wenn ich nicht dieses vornehmen Häuptlings Stamm hole, wird er von seinen Feinden, die von allen Seiten mit Speeren kommen, erschlagen werden. Nun weiß ich, warum der mächtige Häuptling so tat, als sähe er mich nicht! Er fürchtete, seine Feinde wären im Gebüsch versteckt und würden bemerken, daß er mir eine Botschaft anvertraut. Deshalb kehrte er mir den Rücken zu und ließ das weise und wunderbare Kind das schreckliche Bild malen, um seine schwere Lage anzuzeigen. Ich will fort und Hilfe für ihn und seinen Stamm holen.»

Er fragte Taffy nicht einmal nach dem Weg, eilte wie der Wind durch die Büsche, mit der Birkenrinde in der Hand, und Taffy setzte sich sehr vergnügt ins Gras.

Dies ist nun das Bild, das Taffy gemalt hatte.

«Was hast du gemacht, Taffy?« fragte Tegumai. Er hatte seinen Spieß zusammengeflickt und bewegte ihn vorsichtig hin und her.

«Ich habe eine kleine Bestellung gemacht, Papachen. Frage mich nicht, bald wirst du alles wissen, und wirst dich sehr wundern, du glaubst nicht, wie du dich wundern wirst. Versprich mir, daß du dich wundern wirst.»

«Sehr wohl», sagte Tegumai und fing an zu fischen.

Der fremde Mann – wußtest du, daß er ein Tewara war? – eilte fort mit dem Bild und rannte einige Meilen, bis er ganz zufällig Teschumai Tewindrow an der Tür ihrer Höhle traf, wo sie mit einigen anderen vorweltlichen Damen sprach, die zu einem vorweltlichen Frühstück gekommen waren. Taffy sah Teschumai (Tewindrow) sehr ähnlich, besonders oben im Gesicht und um die Augen herum, so lächelte der fremde Mann – immer ein echter Tewara – höflich und überreichte Teschumai die Birkenrinde. Er war so rasch gelaufen, daß er keuchte, und seine Beine waren von Dornen zerkratzt, aber er versuchte doch, höflich zu sein. Sobald Teschumai das Bild erblickte, schrie sie wie nur irgend etwas und stürzte auf den fremden Mann los. Die anderen urweltlichen Damen schlugen ihn auf einmal nieder und setzten sich auf ihn, sechs in einer Reihe, und Teschumai riß ihn an den Haaren.

«Es ist so klar wie die Nase in des fremden Mannes Gesicht», sagte sie. «Er hat meinen Tegumai über und über mit Spießen bedeckt und die arme Taffy so in Schrecken gejagt, daß ihre Haare alle aufrecht stehen. Und noch nicht zufrieden damit, bringt er mir das schreckliche Bild, das zeigt, wie alles gemacht wurde. Seht her!»

Sie zeigte das Bild allen urweltlichen Damen, die geduldig auf dem fremden Mann saßen.

«Hier ist mein Tegumai, und sein Arm ist ihm abgebrochen; hier steckt ein Speer in seinem Rücken; hier ist ein Mann mit einem Speer, den er gerade schleudert; hier ist ein anderer Mann, der seinen Spieß aus einer Höhle wirft, und hier ist ein ganzes Rudel Volk» (es waren Taffys Biber, wirklich, aber sie sahen wie Leute aus), «die hinter Tegumai herlaufen. Ist es nicht empörend?»

«Sehr empörend», sagten die urweltlichen Damen, und sie warfen dem fremden Mann Schmutz ins Haar, was ihn sehr wunderte, und sie schlugen auf die widerhallenden Trommeln des Stammes und trommelten alle Häuptlinge von Tegumais Stamm zusammen, mit ihrem Gefolge, den Unterhäuptlingen, Dienern und Sklaven, dazu noch die Wahrsager und Hexenmeister, und die Tuju-Männer, die Bonzen und die übrigen, und die beschlossen, der fremde Mann sollte, ehe sie ihm den Kopf abschnitten, sie hinunterführen an den Fluß und zeigen, wo er die arme Taffy verborgen hatte.

Na, nun wurde aber der fremde Mann, obgleich er ein Tewara war, ein bißchen verdrießlich. Sie hatten sein Haar ganz mit Schmutz verklebt; sie hatten ihn über knubberige Steinchen hin und her gerollt; sie hatten auf ihm gesessen, sechs in einer Reihe, sie hatten ihn geknufft und gepufft, bis er kaum noch atmen konnte, und wenn er auch ihre Sprache nicht verstand, so war er doch fast sicher, daß die urweltlichen Damen ihn mit Namen belegten, die nicht gesellschaftsfähig waren. Dennoch sagte er kein Wort, bis Tegumais ganzer Stamm versammelt war, und dann führte er sie hin an das Ufer des Wagaiflusses, und da saß

Taffy und machte Gänseblümchenketten, und Tegumai spießte just einen kleinen Karpfen mit seinem geflickten Speer.

«Na, du hast schnell gemacht», sagte Taffy zu dem fremden Mann. «Aber warum hast du so viele Leute mitgebracht? Papachen, dies ist meine Überraschung. Bist du überrascht, Papachen?»

«Sehr», sagte Tegumai, «aber mit dem Fischfang ist's heute nichts – denn der ganze liebe, freundliche, hübsche, saubere Stamm ist hier, Taffy.»

Und so war es. Voran marschierte Teschumai Tewindrow mit den urweltlichen Damen, die den fremden Mann festhielten, obgleich er ein Tewara war, und sein Haar war voll Schmutz. Hinter ihnen kamen der Oberste Häuptling, der Vizehäuptling, der Vizepräsident und der Assistent, alle bis an die Zähne bewaffnet, und die Diener und Sklaven und Rottenführer in der Nachhut geordnet, alle bis an die Zähne bewaffnet. Hinter ihnen der Stamm in hierarchischer Ordnung, von Besitzern von vier Höhlen, eine für jede Jahreszeit, einer Privat-Rentierrennbahn und zwei Lachsleitern an bis zu feudalen und leibeigenen Schurken mit vorstehenden Backenknochen mit halber Berechtigung auf ein halbes Bärenfell, sieben Ellen weit vom Feuer in Winternächten, mit der Anwartschaft auf einen abgenagten Markknochen als Hauptanteil. Sind das nicht prachtvolle Worte, Liebling? Alle waren sie da, paradierend und schreiend, und sie schreckten alle Fische zwanzig Meilen weit fort, und Tegumai bedankte sich in einem Strom von urweltlicher Beredsamkeit.

Dann stürzte Teschumai Tewindrow herbei und küßte und herzte Taffy sehr; aber der Oberste vom Stamm Tegumais packte Tegumai an seinem Kopffederschmuck und schüttelte ihn finster.

«Erkläre! Erkläre! Erkläre!» schrie der ganze Stamm Tegumais.

«Der Himmel soll mich bewahren!» rief Tegumai, «laß meine Kopffedern los! Kann ein Mann seinen Karpfenspieß nicht zerbrechen, ohne daß alle Landesangehörigen auf ihn einstürmen? Ihr seid ein Volk, das einem sehr in die Quere kommt!»

Und Taffy sagte: «Ich sehe, ihr habt nicht einmal Papachens Speer mit dem schwarzen Griff mitgebracht. Und was tut ihr meinem hübschen, fremden Mann?»

Sie knufften ihn, zwei, drei, zehn auf einmal, bis seine Augen sich im Kopfe drehten. Er konnte nur noch keuchen und auf Taffy zeigen.

«Wo ist das böse Volk, das dich gespießt hat, mein Liebling?» fragte Teschumai Tewindrow.

«Hier war kein Mensch», sagte Tegumai. «Mein einziger Besuch heute war der arme Kerl, den ihr erwürgen zu wollen scheint. Bist du verrückt, o Stamm von Tegumai?»

«Er kam mit einem grauenvollen Bild», sagte der Oberste Häuptling, «ein Bild, das zeigte, daß du mit Spießen vollgespickt warst.»

«Rr-rum – ich will lieber das Bild erklären», sagte Taffy, aber sie fühlte sich nicht ganz behaglich.

«Du?» schrie der ganze Stamm von Tegumai auf einmal. «Du, kleine Person ohne Manieren, die geklapst werden sollte! Du?»

«Taffy, mein Liebchen, ich fürchte, wir sind in einer schlimmen Lage», sagte ihr Papa und legte seinen Arm um sie, und da war sie gar nicht mehr bange.

«Erkläre! Erkläre! Erkläre!» rief der Oberste Häuptling von Tegumais Stamm, und er hopste auf einem Fuß herum.

«Ich wollte, daß der fremde Mann Väterchens Speer holen sollte», sagte Taffy, «und da malte ich ihn. Und es war nur ein Speer. Ich malte ihn dreimal, daß er ganz sicher wäre. Ich konnte nichts dafür, daß es aussah, als steckten sie in Väterchens Kopf; es war zu wenig Platz auf der Birkenrinde; und die Dinger, die Mammi böses Volk nannte, sind meine Biber. Ich malte sie, daß er den Weg durch den Sumpf fände, und ich malte Mammi vor der Höhle, daß sie sehr vergnügt aussähe, denn er ist ein hübscher, fremder Mann, und ich glaube, ihr seid genau das dummste Volk auf der Welt», sagte Taffy. «Und er ist ein sehr netter Mann, und warum habt ihr Schmutz in sein Haar geschmiert? Wascht ihn!»

Keiner sagte ein Wort, aber der Oberste Häuptling lachte; dann lachte der fremde Mann (der wenigstens ein Tewara war), dann lachte Tegumai, bis er platt auf die Erde fiel; dann lachte der ganze Stamm noch mehr und noch lauter. Die einzigen, die nicht lachten, waren Teschumai Tewindrow und all die urweltlichen Damen. Die waren alle sehr höflich gegen ihre Männer und sagten: «Dummkopf» wer weiß wie oft!

Dann fing der Oberste Häuptling von Tegumais Stamme an zu rufen und zu singen und zu sagen: «O – kleine – Person – die – geklapst – werden – sollte, du bist auf eine große Erfindung gestoßen.»

«Das wollte ich gar nicht», sagte Taffy, «ich wollte nur Papas Speer mit dem schwarzen Griff.»

«Tut nichts, es ist eine große Erfindung; und eines Tages werden die Menschen es Schreiben nennen. Jetzt sind es nur Bilder, und wie wir heute sahen, werden Bilder nicht immer richtig verstanden. Aber eine Zeit wird kommen, o Baby von Tegumai, wo wir Buchstaben machen – ganze vierundzwanzig – und wo wir imstande sein werden, zu lesen wie zu schreiben; und dann werden wir immer genau sagen können, was wir meinen, ohne daß es Irrtümer gibt. Laßt die urweltlichen Damen den Schmutz aus des Fremden Haar waschen!»

«Das soll mich freuen», sagte Taffy. «Aber seht, jeden einzelnen Speer von dem ganzen Stamm habt ihr mitgebracht, doch meines Väterchens Speer mit dem schwarzen Griff habt ihr vergessen.«

Dann rief der Oberste Häuptling und sang und sagte: «Taffy, Liebe, das nächste Mal, wenn du einen Bildbrief schreibst, schicke du ihn lieber durch einen Mann, der unsere Sprache spricht, damit er erklärt, was er bedeutet. Für mich ist das nicht nötig, denn ich bin der Oberste Häuptling; aber für den übrigen Stamm von Tegumai ist es nötig, und für den Fremden auch.»

Dann nahmen sie den fremden Mann (ein unverfälschter Tewara von Tewar) auf in den Stamm von Tegumai, denn er war ein Mann von feiner Lebensart und machte nicht viel Aufhebens von dem Schmutz, den die urweltlichen Damen ihm ins Haar geschmiert hatten. Aber von dem Tage an bis heute (und ich vermute, es ist Taffys Schuld) mögen nur sehr wenige kleine Mädchen gern lesen und schreiben lernen. Die meisten kleinen Mädchen mögen lieber Bilder malen oder mit ihrem Papachen umherspielen – geradeso wie Taffy.

Dies ist die Geschichte von Taffimai Metallumai, die vor sehr alten Zeiten von alten Völkern auf einen Elefantenzahn gekritzelt wurde. Wenn Du meine Geschichte liest oder sie Dir vorgelesen wird, kannst Du sehen, wie alles auf dem Elefantenzahn steht. Der Zahn war ein Teil von einer alten Stammtrompete, die dem Stamme von Tegumai gehörte. Die Bilder sind mit einem Nagel oder so etwas auf den Zahn gekritzelt, und dann sind die Kritzeln mit schwarzem Wachs ausgefüllt; aber alle Trennungslinien und die Rundungen oben sind mit rotem Wachs ausgefüllt. Als alles neu war, war eine Art Netzwerk von Perlen und Muscheln und kostbaren Steinen an dem einen Ende; aber das ist alles zerbrochen und verloren bis auf das kleine bißchen, das Du noch siehst. Die Buchstaben um den Zahn herum sind magisch – Runisch-Magisch –, und wenn Du sie lesen kannst, wirst Du ganz was Neues finden. Der Zahn ist von Elfenbein – sehr gelb und sehr zerkratzt. Er ist zwei Fuß lang und zwei Fuß dick und wiegt elf Pfund und neun Lot.

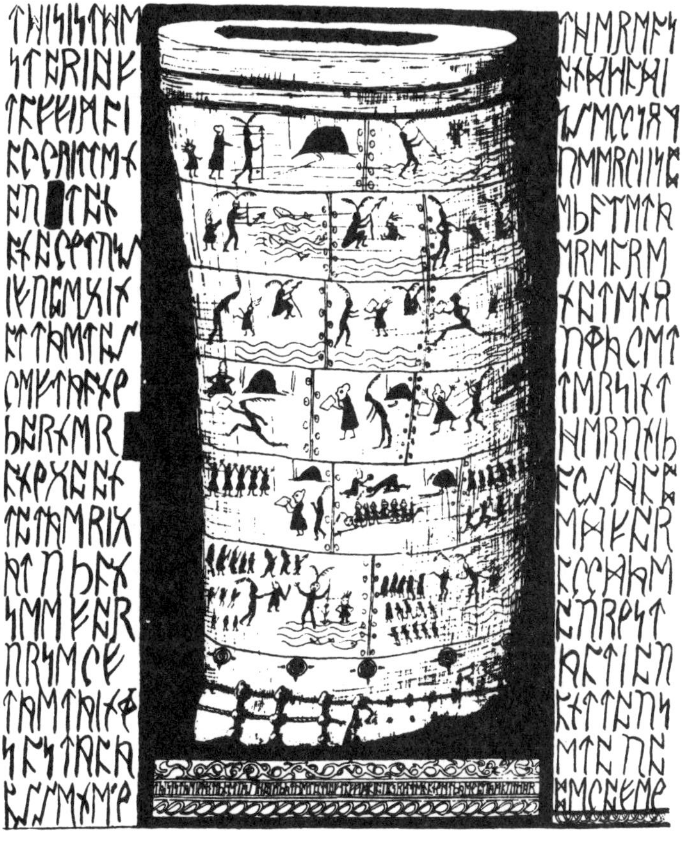

Wie das Alphabet entstand

Eine Woche, nachdem Taffimai Metallumai (wir wollen sie aber wieder Taffy nennen, Liebling) den kleinen Irrtum gemacht hatte mit dem Speer ihres Papas und dem fremden Mann und dem Bilderbrief und allem, ging sie wieder mit ihrem Väterchen zum Karpfenfischen. Ihre Mammi wollte, daß sie zu Hause bliebe, um ihr zu helfen, Häute zum Trocknen aufzuhängen, draußen vor ihrer urweltlichen Höhle an den großen Trockenstangen, aber Taffy schlüpfte fort, ganz früh, zu ihrem Papa, und sie fischten. Auf einmal fing sie an zu kichern, und ihr Papa sagte:

«Sei nicht albern, Kind.»

«Aber war es nicht drollig?» sagte Taffy. «Weißt du noch, wie der Oberste Häuptling die Backen aufpuffte und wie närrisch der fremde Mann mit dem Schmutz im Haar aussah?»

«Wohl weiß ich es», sagte Tegumai. «Ich hatte dem fremden Mann zwei Rentierfelle zu bezahlen – zarte, mit Fransen – für alles, was wir ihm angetan hatten.»

«Wir haben ihm nichts getan», sagte Taffy. «Es war Mammi und die anderen Damen von unserem Stamm – und der Schmutz.»

«Wir wollen nicht mehr davon sprechen», sagte ihr Papa. «Wir wollen frühstücken.»

Taffy nahm einen Markknochen und saß ganze zehn Minuten mäuschenstill, während ihr Papa mit einem Haifischzahn auf Stückchen von Birkenrinde herumkritzelte. Plötzlich sagte sie:

«Papachen, ich habe mir eine geheime Überraschung ausgedacht. Du machst ein Geräusch – irgendeine Art Geräusch.»

«Ah! Ist das genug für den Anfang?»

«Ja», sagte Taffy. «Du siehst gerade aus wie ein Karpfen, der den Mund offen hat. Sag das noch einmal, bitte!»

«Ah! Ah! Ah!» machte ihr Papa. «Sei nicht unartig, meine Tochter.»

«Ich wollte nicht unartig sein, wirklich und wahrhaftig nicht», sagte Taffy. «Es gehört zu meiner geheimen Überraschung. Bitte sag ‹ah›, Papachen, und halt den Mund vorn offen und gib mir den Zahn. Ich will einen Karpfenmund, weit offen, malen.»

«Wozu?» fragte ihr Papa.

«Siehst du das nicht? Das soll unsere kleine Überraschung werden», sagte Taffy und kritzelte lustig auf der Rinde. «Wenn ich hinten in unserer Höhle, wenn Mammi nichts dagegen hat, einen Karpfen hinmale, der im Rauch den Mund aufsperrt, so wirst du an den Ah-Laut denken. Dann können wir so tun, als spränge ich aus dem Rauch heraus und überraschte dich mit dem Geräusch – wie ich es letzten Winter am Bibersumpf machte.»

«Wirklich!» sagte ihr Papa mit einer Stimme, die erwachsene Leute haben, wenn sie ordentlich zuhören. «Fahr fort, Taffy.»

«O schade!» rief sie. «Ich kann keinen ganzen Karpfen malen; aber ich kann etwas malen, das aussieht wie ein Karpfenmund. Weißt du nicht, wie sie auf ihren Köpfen stehen und im Schlamm wühlen? Nun, dies soll so was wie ein Karpfen sein.»

«Wir können so tun, als ob der ganze Karpfen gemalt wäre. Dies ist gerad sein Mund, und das heißt ‹ah›.» Und sie malte dies:

«Das ist nicht übel», sagte Tegumai und kritzelte nun auch auf seiner Rinde.

«Doch du hast den Fühler vergessen, der quer durch seinen Mund geht.»

«Aber ich kann ja nicht malen, Papachen.»

«Du brauchst nichts weiter von ihm zu malen als nur den offenen Mund und den Fühler quer durch; dann wissen wir, es ist ein Karpfen, denn die Forellen und der Barsch haben keine Fühler bekommen. Schau her, Taffy.» Und er malte dies:

«Nun will ich das abschreiben», sagte Taffy. «Wirst du dies verstehen, wenn du es siehst?» Und sie malte dies:

«Vollkommen», sagte ihr Papa. «Und ich werde ebenso erstaunt sein, wenn ich das irgendwo sehe, als wenn du hinter einem Baum hervorsprängest und riefest: ‹Ah!›»

«Nun mach ein anderes Geräusch», sagte Taffy, sehr stolz.

«J-a!» machte ihr Papa, sehr laut.

«Hm», sagte Taffy, «das ist ein Mischmaschgeräuch. Der Schlußteil ist ‹a› – Karpfenmund. Aber was fangen wir mit dem Vorderteil an? Ja – Ja – Ja – und ah! Ja!»

«Es ist sehr ähnlich dem Karpfenmundlaut. Laß uns ein anderes bißchen vom Karpfen malen und es zusammenfügen», sagte ihr Papa. Er war auch ganz aufgeregt.

«Nein, wenn wir es zusammenfügen, weiß ich es nicht. Male es einzeln. Mal einen Schwanz. Wenn er auf dem Kopf steht, kommt der Schwanz zuerst. Und Schwänze kann ich besser malen», sagte Taffy.

«Eine gute Idee», sagte Tegumai. «Hier ist ein Karpfenschwanz für den J-a-Laut.»

Und er malte dieses:

«Nun will ich's versuchen», sagte Taffy. «Bedenke Papachen, ich kann nicht so malen wie du. Ist es gut genug, wenn ich den gespaltenen Teil vom Schwanz male und eine halbgerade Linie herunter, wo er wieder zusammengeht.» Und sie malte dieses:

Ihr Papa nickte, und seine Augen waren glänzend hell vor Entzücken.

«Das ist wunderhübsch geworden», sagte sie. «Nun mach ein anderes Geräusch, Papachen.»

«Oh!» machte ihr Papa, sehr laut.

«Das ist ganz leicht», sagte Taffy. «Du machst deinen Mund ganz rund, wie ein Ei oder wie ein Stein. Ein Ei oder ein Stein ist ja gut genug dafür.»

«Du kannst nicht immer Eier oder Steine finden. Wir müssen etwas Rundes malen, das so aussieht.»

Und er malte dies:

«Ach, du meine Güte», sagte Taffy, «welche Menge Lautbilder haben wir schon gemalt – Karpfenmund, Karpfenschwanz und Ei! Nun mach ein anderes Geräusch, Väterchen.»

«Ssch!» machte ihr Papa und runzelte die Stirn, aber Taffy war zu aufgeregt, um es zu bemerken.

«Das ist ganz leicht», sagte sie und kritzelte auf der Rinde.

«He, was!» rief ihr Papa. «Ich war in Gedanken und wollte nicht gestört werden.»

«Es war aber doch ein Geräusch. Es war ein Geräusch, das eine Schlange macht, Papachen, wenn sie in Gedanken ist und nicht gestört sein will. Laß uns den Ssch-Laut wie eine Schlange malen. Ist's so gut genug?» Und sie malte dieses:

«Da», sagte sie. «Das ist eine neue geheime Überraschung. Wenn du eine Zischschlange an die Tür deiner kleinen Hinterhöhle malst, wo du deine Spieße flickst, weiß ich, daß du tief in Gedanken bist, und ich werde mäuschenleise hereinkommen. Und wenn du eine an den Baum am Flusse malst, wo du fischst, weiß ich, daß ich sehr, sehr mäuschenleise auftreten muß, damit ich das Ufer nicht erschüttere.

«Vollkommen richtig», sagte Tegumai. «Und in diesem Spiel ist mehr, als du denkst, Taffy, mein Liebling, ich habe die Idee, daß deines Väterchens Tochter auf das vortrefflichste Ding gestoßen ist, das es je gegeben hat, seit der Stamm von Tegumai anfing, Haifischzähne anstatt Feuersteine zu Lanzenspitzen zu verwenden. Ich glaube, wir haben das große Geheimnis der Welt gefunden.»

«Wie denn?» fragte Taffy, und ihre Augen strahlten vor Aufregung.

«Ich will es dir zeigen», sagte ihr Papa. «Was ist ‹Wasser› in der Tegumaisprache?»

«‹J-a› natürlich, und es heißt auch ‹Fluß›.»

«Was ist ‹schlechtes Wasser›, von dem du Fieber bekommst, wenn du es trinkst – schwarzes Wasser – Sumpfwasser?»

«‹Jo› natürlich.»

«Nun sieh», sagte ihr Papa. «Nimm an, du sähest dieses auf einen Pfahl neben dem Bibersumpf gekritzelt», und er malte dieses:

«Karpfenschwanz und rundes Ei. Zwei Geräusche gemischt! ‹Jo – schlechtes Wasser›», sagte Taffy. «Gewiß würde ich das Wasser nicht trinken, weil ich wüßte, du sagtest, es wäre schlecht.»

«Aber ich brauchte ja gar nicht nahe am Wasser zu sein. Ich könnte Meilen weit fort auf der Jagd sein und doch…»

«Doch würde es ebensogut sein, als wenn du da ständest und sagtest: ‹Mach, daß du wegkommst, Taffy, sonst kriegst du Fieber. Und das ist alles in einem Karpfenschwanz und einem runden Ei! O Papachen, wir müssen es gleich Mammi erzählen!» Und Taffy tanzte rund um ihn herum.

«Noch nicht», sagte Tegumai. «Wir müssen erst etwas weiter sein. Laß sehen. ‹Jo› ist ‹schlechtes Wasser›, aber ‹So› ist ‹Essen, das auf dem Feuer gekocht wird›, nicht wahr?» Und er malte dieses:

«Ja, Schlange und Ei», sagte Taffy. «‹So›, das bedeutet: ‹Essen ist fertig.› Wenn du das an einen Baum gekratzt sähest, wüßtest du, es wäre Zeit, nach der Höhle zu kommen, und ich wüßte es auch.»

«Potz Blitz!» rief Tegumai, «das ist wieder richtig. Aber warte einen Augenblick. Ich sehe eine Schwierigkeit. ‹So› bedeutet ‹Komm zu Tisch!›, aber ‹Scho› bedeutet ‹die Trockenstangen, auf die wir unsere Häute hängen›.»

«Abscheuliche alte Trockenstangen!» sagte Taffy. «Ich mag nicht die schweren, heißen, haarigen Häute aufhängen. Wenn du eine Schlange und ein Ei gemalt hättest, und ich dächte, das bedeutete, ich sollte zu Tisch kommen, und ich käme hinein und fände, es bedeutete, ich sollte Mammi helfen, Häute auf die Trockenstangen zu hängen, was würde ich wohl anfangen!»

«Du würdest verdrießlich werden. Und Mammi auch. Wir müssen ein neues Bild für ‹Scho› machen. Wir müssen eine flekkige Schlange malen, die ‹Sch-Sch› zischt, und müssen so tun, als ob die glatte Schlange nur ‹SSSS› zischte.»

«Ich weiß nicht gewiß, ob ich die Flecken malen könnte», sagte Taffy. «Und du könntest sie in der Eile vielleicht vergessen, und ich könnte meinen, es wäre ‹So›, wenn es ‹Scho› wäre, und dann würde Mammi mich doch festhalten. Nein! Ich denke, wir malen ein Bild von den scheußlichen, hohen Trokkenstangen ganz genau, daß wir uns nicht irren können. Ich will sie gleich gerade hinter die Zischschlange malen, und da hängt noch ein Strick, den Mammi daran vergessen hat. Sieh!» Und sie malte dieses:

«Vielleicht ist das sicherer», sagte ihr Papa lachend. «Es ist jedenfalls unsern Trockenstangen sehr ähnlich. Nun will ich ein neues Geräusch machen, mit einem Schlangen- und Trokkenstangenlaut darin. Ich will sagen ‹Schi›. Das ist Tegumai und bedeutet ‹Speer›, und der Laut ist ähnlich und doch anders als der vom Karpfenschwanz, Taffy.» Und er lachte noch einmal.

«Lache mich nicht aus», sagte Taffy. Sie dachte an ihren Bilderbrief und den Schmutz in des fremden Mannes Haar. «Mal du es, Papachen.»

«Biber und Hügel wollen wir diesmal nicht haben, he?» sagte ihr Papa. «Ich male eine gerade Linie für einen Speer.» Und er malte dieses:

«Selbst Mammi könnte hieraus nicht schließen, daß ich totgespießt wäre, wie?»

«Bitte, Papachen, sprich nicht so. Es macht mich unbehaglich. Mach noch ein paar Geräusche. Wir kommen so prachtvoll vorwärts.»

«Rr-hum!» machte Tegumai und blickte aufwärts. Wir wollen sagen ‹Schu›. Das bedeutet ‹Wolke›.»

Taffy malte die Schlange und die Trockenstange. Dann hielt sie inne.

«Wir müssen ein neues Bild machen für den Endlaut, nicht wahr?»

«Schu-schu-u-u-u!» sagte ihr Papa. «Das ist gerade wie der runde Eilaut, nur dünner.»

«Dann, was meinst du, malen wir ein rundes Ei ganz dünn, und tun so, als ob es ein Frosch wäre, der jahrelang nichts gegessen hätte.»

«N-nein», sagte ihr Papa. «Wenn wir das in Eile malten, könnten wir es für das runde Ei selbst halten. Schu-schu-schu. Ich will dir sagen, was wir tun wollen. Wir machen eine kleine Öffnung am Ende von dem runden Ei, um zu zeigen, wie das O-Geräusch ganz dünn herauskommt – ooo-oo-oo – so.» Und er malte dieses:

«Oh, das ist reizend», sagte Taffy. «Viel besser als der dünne Frosch. Weiter!» Und sie gebrauchte ihren Haifischzahn.

Ihr Papa fuhr fort zu malen, und seine Hand zitterte vor Aufregung. Er fuhr fort, bis er dieses gemalt hatte:

SCHU JA

«Blick nicht aufwärts, Taffy», sagte er. «Sieh zu, ob du herausfindest, was das in der Tegumaisprache bedeutet. Wenn du das kannst, haben wir das Geheimnis gefunden.»

«Schlange – Stange – zerbrochenes Ei – Karpfenschwanz und Karpfenmaul», sagte Taffy. «*Schu-ja*: Wolken-Wasser = Regen.»

Gerade da fiel ein Tropfen auf ihre Hand, denn der Tag war bedeckt geworden.

«O Papachen, es regnet. War es das, was du mir sagen wolltest?»

«Natürlich», sagte ihr Papa. «Und ich sagte es dir, ohne ein Wort zu sprechen, nicht wahr?»

«Nun, ich denke, in einer Minute würde ich es selbst gewußt haben, aber der Regentropfen machte mich ganz sicher. Ich werde nun immer daran denken. ‹Schu-ja› bedeutet ‹Regen› oder ‹Es wird regnen›. He! Papachen!» Sie sprang auf und tanzte um ihn herum.

«Wenn du nun ausgingest, ehe ich wach bin, und maltest ‹Schu-ja› auf den Rauch an der Wand, dann wüßte ich, es würde regnen, und würde meine Biberfellkappe aufsetzen. Wie Mammi erstaunt sein würde!»

Tegumai sprang auf und tanzte. (In jenen Tagen machten die Papas sich nichts daraus, so was zu tun.)

«Mehr als das, mehr als das», rief er. «Nimm an, ich wollte dir sagen, es würde nicht viel regnen, und du solltest an den Fluß hinunterkommen, was müßten wir malen? Sage die Worte erst in der Tegumaisprache.»

«Schu-ja-las, ja maru» (Wolken-Wasser hört auf. Komme zum Fluß). Welch eine Menge neuer Laute! Ich weiß gar nicht, wie wir sie alle malen sollen.»

«Aber ich weiß es, ich weiß es!» sagte Tegumai. «Paß noch einen Augenblick auf, Taffy, dann wollen wir für heute aufhören. Wir haben ‹Schu-ja› ganz richtig, nicht wahr? Aber dies ‹las› ist eine Plage. La-la-la!» und er bewegte seinen Haifischzahn.

«Hier am Ende ist die Zischschlange, und der Karpfenmund ist vor der Schlange – as-as-as. Wir haben nur ‹la-la› nötig», sagte Taffy.

«Ich weiß es, aber wir haben das ‹la-la› zu machen. Und wir sind die ersten Leute in der Welt, die versuchen, das zu machen, Taffy.»

«Ah!» machte Taffy gähnend, denn sie war sehr müde. «‹Las› bedeutet ‹fertig machen›, so gut wie ‹Schluß machen›, nicht wahr?»

«So ist's», sagte Tegumai. «‹Jo-las› bedeutet: ‹Es ist kein Wasser zum Kochen im Tank für Mammi› – gerade wenn ich fort muß auf die Jagd.»

«Und ‹Schi-las› bedeutet, daß dein Spieß zerbrochen ist. Wenn ich daran nur gedacht hätte, statt dumme Biberbilder zu malen für den fremden Mann!»

«La! La! La!» sagte Tegumai, seinen Stock schwenkend und die Stirn runzelnd. «O Plage!»

«Ich würde ‹Schi› ganz leicht malen können», fuhr Taffy fort. «Ich würde deinen Speer ganz zerbrochen gezeichnet haben – so!» Und sie zeichnete:

«Das ist gerade das Rechte», sagte Tegumai. «Das ist ‹La› ganz und gar. Es ist auch anders als alle anderen Zeichen.» Und er malte dies:

«Nun zu ‹Ja›. Oh, das haben wir schon früher gemacht. Nun zu ‹maru›; *Mum-mum-mum*. Mum schließt einem den Mund zu, nicht wahr? Gut, wir malen einen geschlossenen Mund – so!» Und er malte:

«Dann den Karpfenmund offen. Das macht Ma-ma-ma. Aber was machen wir mit diesem Rrrrr-Ding, Taffy?»

«Es lautet ganz rauh und eckig, wie dein Haifischzahn, wenn du eine Planke zu dem Kanu schneidest», sagte Taffy.

«Du meinst, ganz scharf an den Kanten wie dies?» Und er zeichnete:

«Genau so», sagte Taffy. «Aber wir brauchen nicht alle die Zähne, mach nur zwei.»

«Ich will nur einen machen», sagte Tegumai. «Wenn unser Spiel das wird, was ich hoffe, dann ist es besser für jedermann, wenn wir die Lautbilder so einfach wie möglich machen.» Und er zeichnete:

«Nun haben wir's», sagte Tegumai und stand auf einem Bein. «Ich will sie alle an einer Schnur zeichnen wie Fische.»

«Wär's nicht besser, wir stecken ein bißchen Holz oder so was zwischen jedes Wort, damit sie sich nicht gegeneinanderreiben oder anstoßen, als wenn sie Karpfen wären?»

«Oh, ich werde einen Zwischenraum lassen», sagte ihr Papa. Und sehr aufgeregt zeichnete er alle, ohne aufzuhören, auf ein neues Stück Birkenrinde:

«Schu-ja-las-ja-maru», sagte Taffy, Laut nach Laut.

«Das ist genug für heute», sagte Tegumai. «Du bist auch müde, Taffy. Schadet nichts, Liebling, morgen wollen wir alles fertig machen. Und dann wird man an uns denken für Jahre und Jahre, ja noch, wenn die dicksten Bäume, die du sehen kannst, zu Brennholz zerhackt sind.»

So gingen sie heim, und den ganzen Abend saß Tegumai an der einen Seite des Feuers und Taffy an der andern, und sie zeichneten Jas und Jos und Schus und Schis auf den Rauch an der Wand und kicherten zusammen, bis Mammi sagte:

«Wirklich, Tegumai, du bist schlimmer als meine Taffy.»

«Bitte, laß gut sein, Mammi», sagte Taffy. «Es ist nur unsere geheime Überraschung, und wir wollen dir alles sagen, gleich, wenn es fertig ist; aber bitte frag mich jetzt nicht wieder, sonst muß ich es gleich sagen.»

Und ihre Mammi fragte nicht. Am hellen nächsten Morgen ging Tegumai an den Fluß hinunter, um neue Lautbilder auszudenken, und als Taffy aufstand, sah sie «Ja-las» (Wasser ist zu Ende oder fließt weg) mit Kreide auf die Seite des großen, steinernen Wassertanks geschrieben.

«Hm!» machte Taffy, «diese Bilderlaute sind eigentlich eine Plage! Es ist gerad so gut, als stünde Papa selbst hier und sagte: Hol Wasser zum Kochen für Mammi.»

Sie ging zur Quelle hinter der Höhle und füllte den Tank mit einem Rindeneimer. Aber dann rannte sie hinunter an den Fluß und zupfte ihr Papachen am linken Ohr – das Ohr durfte sie zupfen, wenn sie artig gewesen.

«Nun komm», sagte ihr Papa. «Wir werden all die übrigen Lautbilder noch machen.»

Und sie hatten einen sehr aufregenden Tag, aber ein prachtvolles Frühstück dazwischen und zwei Spiele, um sich gehörig auszutoben. Als sie an «T» kamen, sagte Taffy: Da ihr Name und Papas und Mammis alle mit demselben Laut anfingen, so wollten sie lieber eine Familiengruppe malen, und daß sie sich alle an den Händen hielten. Das ging recht hübsch, um es ein- oder zweimal zu malen, aber als sie es zum sechsten und siebenten Male tun wollten, wurde es kritzlicher und kritzlicher, bis zuletzt der T-Laut nur ein langer Tegumai wurde, der seine Arme ausstreckte und Taffy und Tegumai hielt. Du kannst an diesen drei Bildern sehen, wie es nach und nach wurde:

Viele andere Bilder waren viel zu schön, um damit anzufangen, besonders vor dem Frühstück. Als sie aber wieder und wieder auf Birkenrinde gemalt wurden, wurden sie immer einfacher und leichter, bis zuletzt Tegumai selbst keinen Fehler mehr fand. Sie drehten die Zischschlange nach der anderen Seite um, um den Z-Laut zu machen und um zu zeigen, daß sie rückwärts zischte in sanfter Weise:

Und sie machten eine leichte Drehung fürs «E», weil es so oft in den Bildern vorkam, und für den B-Laut malten sie Bilder von dem heiligen Biber der Tegumais,

und für den N-Laut malten sie Nasen, weil es ein häßlicher, nasiger Laut war, bis sie müde wurden.

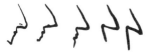

Und dann malten sie noch ein Bild von dem großen Seehechtmaul für den gefräßigen Ge-Laut;

und sie malten das Hechtmaul noch einmal, mit einem Speer dahinter für den kratzigen, harten K-Laut;

und sie malten ein kleines bißchen von dem gewundenen Wagaifluß, für den hübschen, gewundenen We-Laut und so fort und so weiter, bis sie alle die Lautbilder, die sie brauchten,

Dieses Bild erzählt die ganze Geschichte, wie Taffy und Tegumai das Alphabet machten. Die Bilder der einzelnen Laute sind alle auf eine starke Schnur aus Rentiersehnen aufgezogen. Sie sind eingeritzt auf Zähne des Elches und Narwals und Elefanten und auf Hörner vom Hirsch und Rentier. Bitte Du nur Deine Mammi, die Zeichen mit Dir durchzusehen. Ihr werdet sie finden, alle, von deren Entstehung hier die Rede war. Und damit Ihr sie besser erkennen könnt, habe ich sie auf ein schwarzes Band gelegt.

gemacht und gemalt hatten, und da war das Alphabet ganz vollständig.

Und nach tausend und tausend und tausend Jahren und nach Hieroglyphen und Keilschriften und Runenschriften und all den anderen kam das feine, alte, faßliche und verständliche Alphabet – A B C D E und die übrigen alle – wieder in seine gehörige Gestalt, für alle Lieblinge, die es lernen wollen, wenn sie alt genug dazu sind.

Aber ich entsinne mich Tegumai Bopsulais und Taffimai Metallumais und ihrer Mammi Teschumai Tewindrows und all der vergangenen Tage. Und es war so – gerade so – vor langer Zeit – an den Ufern des großen Wagai!

Der Krebs, der mit der See spielte

Vor den alten und weitentfernten Zeiten, o mein Liebling, war die Zeit des Ersten Anfangs; und das war in den Tagen, wo der Älteste Magier alle Dinge bereit machte. Zuerst machte er die Erde zurecht, dann machte er das Meer zurecht, und dann sagte er allen Tieren, sie könnten herbeikommen und spielen.

Und die Tiere sagten: «O Ältester Magier, was sollen wir spielen?»

Und er sagte: «Ich will es euch zeigen.» Er nahm den Elefant – alles, was von Elefanten da war – und sagte: «Spiele, Elefant.» Und alles, was von Elefanten da war, spielte.

Er nahm alles, was von Bibern da war, und sagte: «Spiele, Biber.»

Und alles, was von Bibern da war, spielte.

Er nahm die Kuh – alles, was von Kühen da war – und sagte:

«Spiele, Kuh.» Und alles, was von Kühen da war, spielte. Er nahm die Schildkröte – alles, was von Schildkröten da war – und sagte: «Spiele, Schildkröte.» Und alles, was von Schildkröten da war, spielte.

Eins nach dem andern nahm er alle Tiere und Vögel und Fische, und sagte ihnen, was sie spielen sollten. Aber gegen den Abend, als Menschen und Tiere unruhig und müde wurden, kam der Mann (mit seiner eignen kleinen Mädchentochter?) – ja, mit seiner eignen kleinen, lieben Mädchentochter, die auf seiner Schulter saß, und er sagte:

«Was ist das für ein Spiel, Ältester Magier?»

Und der Älteste Magier sagte: «Ho, Sohn des Adam, dies ist das Spiel des Ersten Anfangs; aber du bist zu weise für dieses Spiel.»

Und der Mann verbeugte sich und sagte: «Ja, ich bin zu weise für dieses Spiel; aber mache, daß alle Tiere mir gehorsam sind.»

Während nun die beiden miteinander sprachen, lief Pau Amma, der Krebs, der der nächste zum Spiel war, seitwärts weg und patschte in die See und sagte zu sich selbst:

«Ich will mein Spiel allein spielen in den tiefen Wassern; und niemals will ich diesem Sohn Adams gehorsam sein.»

Niemand sah ihn weggehen außer der kleinen Mädchentochter, die oben auf des Mannes Schulter saß. Und das Spiel ging weiter, bis keine Tiere mehr ohne Befehl übrig waren; und der Älteste Magier wischte sich den feinen Staub von den Händen und ging in der Welt herum, zu sehen, wie die Tiere spielten.

Er ging gegen Norden, Liebling, und er fand alles, was an Elefanten da war, wie sie mit den Zähnen ausgruben und mit den Füßen stampften auf der neuen, hübschen, reinen Erde, die für sie gemacht war.

«Kun?» (Ist das recht?) sagte alles, was an Elefanten da war.

«Payah kun», (Das ist ganz recht) sagte der Älteste Magier. Und er blies über die großen Felsen und Erdklumpen; die waren von allem, was an Elefanten da war, herausgeworfen worden, und das wurden die großen Himalayaberge, und Du kannst sie auf der Landkarte sehen.

Er ging nach Osten, und er fand alles, was von Kühen da war, futternd auf dem Felde, das für sie zurechtgemacht war, und sie leckten mit ihrer Zunge einen ganzen Wald auf einmal ab, und legten sich hin und käuten ihr Futter wieder.

«Kun?» sagte alles, was an Kühen da war.

«Payah kun», sagte der Älteste Magier. Und er blies über den kahlen Fleck, wo sie gefressen, und über den Platz, wo sie gelegen hatten, und eins wurde die große indische Wüste und das andere die Wüste Sahara, und Du kannst sie auf der Landkarte sehen.

Er ging nach Westen, und er fand alles, was an Bibern da war, Biberdämme machend vor den Mündungen der breiten Ströme, die für sie zurechtgemacht waren.

«Kun?» sagte alles, was an Bibern da war.

«Payah kun», sagte der Älteste Magier. Und er blies über die gefallenen Bäume und die stillen Wasser, und sie wurden die sumpfigen Steppen in Florida, und Du kannst sie auf der Landkarte sehen.

Dann ging er nach Süden und fand alles, was an Schildkröten da war, mit ihren Schaufeln kratzend in dem Sand, der für sie zurechtgemacht war, und der Sand und die Felsen wirbelten durch die Luft, fernab in das Meer.

«Kun?» sagte alles, was an Schildkröten da war.

«Payah kun», sagte der Älteste Magier. Und er blies über den

Dies ist das Bild von Pau Amma, dem Krebs, der fortlief, während der Älteste Magier mit dem Mann und seiner kleinen Mädchentochter redete. Der Älteste Magier sitzt auf seinem magischen Thron, in seine magische Wolke gehüllt. Die drei Blumen vor ihm sind die drei magischen Blumen. Auf dem Gipfel des Hügels siehst Du alles, was von Elefant da war, und alles, was von Kuh da war, und alles, was von Schildkröte da war, hingehen, um zu spielen, was der Älteste Magier ihnen zu spielen befahl. Die Kuh hat einen Buckel, denn sie war alles, was von der Kuh da war, und so hatte sie alles, was für alle Kühe später gemacht wurde. Unter dem Hügel sind Tiere, die das Spiel schon gelernt hatten, das sie spielen sollten. Du siehst da alles, was von Tiger da war, allem, was von Knochen da war, zulächeln; und Du siehst alles, was von Elch da war, und alles, was von Papagei da war, und alles, was von Kaninchen da war, auf dem Hügel. Die andern Tiere sind auf der andern Seite des Hügels, deshalb konnte ich sie nicht zeichnen. Das kleine Haus auf dem Hügel ist alles, was von Häusern da war. Der Älteste Magier machte es, um dem Menschen zu zeigen, wie man Häuser macht. Die Schlange um den stachligen Hügel ist alles, was von Schlange da war, und spricht just zu allem, was von Affe da war; und der Affe ist grob gegen die Schlange; und die Schlange ist grob gegen den Affen. Der Mann redet sehr eifrig zu dem Ältesten Magier, und die kleine Mädchentochter schaut auf Pau Amma, wie er fortläuft. In jenen Tagen war er kein gewöhnlicher Krebs. Er war ein Königkrebs. Das bucklige Ding vorn im Wasser ist Pau Amma. Die Dinger, die wie Bauklötze aussehen, auf denen der Mann steht, gehören in den großen Baukasten; und wenn der Mann mit dem Ältesten Magier fertig gesprochen hat, muß er bauen. Das Zeichen auf dem Stein unter dem einen Fuß des Mannes ist ein magisches Zeichen. Die drei magischen Blumen habe ich mit magischen Wolken gemischt gezeichnet. Dies ganze Bild ist mächtige Magie und tiefe ärztliche Wissenschaft.

Sand und die Felsen, wo sie in das Meer gefallen waren, und sie wurden die wunderschönen Inseln Borneo, Celebes, Sumatra, Java und die übrigen des Malayischen Archipels, und Du kannst sie auf der Landkarte nachsehen.

Nach einem Weilchen begegnete der Älteste Magier an den Ufern des Perakflusses dem Mann, und er sagte: «Ho! Sohn des Adam, sind alle Tiere dir gehorsam?»

«Ja», sagte der Mann.

«Ist die ganze Erde dir gehorsam?»

«Nein», sagte der Mann. «Einmal am Tage und einmal in der Nacht läuft die See hinauf in den Perakfluß und treibt das süße Wasser zurück in den Wald, so daß mein Haus naß wird; einmal am Tage und einmal in der Nacht läuft sie den Perakfluß hinunter und zieht alles Wasser hinter sich her, so daß nichts als Schlamm bleibt und mein Kanu sich umdreht. Ist das das Spiel, das du ihr befohlen hast zu spielen?»

«Nein», sagte der Älteste Magier. «Das ist ein neues und böses Spiel.»

«Sieh her!» sagte der Mann, und indem er sprach, kam die große See hinauf in die Mündung des Perakflusses und trieb den Fluß rückwärts, bis er alle dunklen Wälder Meilen und Meilen weit überflutete und auch das Haus des Mannes.

«Dies ist schlimm. Löse dein Kanu los, und wir wollen sehen, wer mit der See spielt», sagte der Älteste Magier.

Sie traten in das Kanu; die kleine Mädchentochter ging mit ihnen, und der Mann nahm sein Kris – einen gebogenen, schlanken Dolch mit einer Schneide wie eine Flamme –, und sie trieben hinaus in den Perakfluß. Dann begann das Meer, rückwärts und rückwärts zu rollen, und das Kanu wurde aus der Mündung des

Perakflusses herausgesogen und passierte Selangor, passierte Malakka, passierte Singapor, hinaus, hinaus bis an die Insel Bintang, als würde es an einem Strick gezogen.

Da stand der Älteste Magier auf und rief: «Ho! Tiere, Vögel und Fische, die ich bei dem Ersten Anfang zwischen meine Hände nahm und die ich das Spiel lehrte, das ihr spielen solltet, wer von euch spielt mit der See?»

Und alle Tiere, Vögel und Fische sagten zusammen: «Ältester Magier, wir spielen die Spiele, die du uns lehrtest zu spielen – wir und die Kinder unserer Kinder, aber keines von uns spielt mit der See.»

Da ging der Mond auf, groß und voll über den Wassern; und der Älteste Magier sprach zu dem buckeligen alten Mann, der in dem Mond sitzt und eine Angelschnur webt, mit der er eines Tages die Welt zu erfassen denkt: «Ho! Fischer vom Mond, spielst du mit der See?»

«Nein», sagte der Fischer, «ich spinne eine Angelschnur, mit der ich eines Tages die Welt erfassen werde, aber ich spiele nicht mit der See.»

Nun ist auch eine Ratte oben im Mond, die immerfort des alten Fischers Angelschnur zernagt, so fest sie auch gemacht ist, und der Älteste Magier sprach zu ihr: «Ho! Ratte vom Mond, spielst du mit der See?»

Und die Ratte sagte: «Ich bin viel zu beschäftigt, die Angelschnur zu zernagen, die der alte Fischer spinnt; ich spiele nicht mit der See.» Und sie fuhr fort, die Angelschnur zu zernagen.

Da hob die kleine Mädchentochter ihre kleinen, sanften, braunen Arme mit den wunderhübschen weißen Muschelarmbändern empor und sagte:

«O Ältester Magier! Als mein Vater mit dir redete bei dem Ersten Anfang und ich auf seiner Schulter lehnte, während die Tiere ihre Spiele lernten, lief ein Tier ganz unartig fort in das Meer, bevor du sein Spiel ihm befohlen hattest.»

Und der Älteste Magier sagte: «Wie weise sind kleine Kinder, die sehen und schweigen! Wie sah das Tier aus?»

Und die kleine Mädchentochter sagte: «Es war rund, und es war platt; und seine Augen wuchsen auf Stangen; und es ging seitwärts – so! –, und sein Rücken war mit einer starken Rüstung bedeckt.»

Und der Älteste Magier sagte: «Wie weise sind kleine Kinder, die die Wahrheit sagen! Nun weiß ich, wohin Pau Amma ging. Gib mir das Ruder!»

So nahm er das Ruder; aber es war nicht nötig, zu rudern, denn das Wasser strömte beständig, vorbei an allen Inseln, bis sie zu dem Platz kamen, der Pusat-Tasek, das Herz des Meeres, genannt wird, wo die mächtige Vertiefung ist, die hinabführt zu dem Herzen der Welt; und in der Höhlung wächst der wunderbare Baum Pauh Janggi, der die magischen Zwillingsnüsse trägt. Da tauchte der Älteste Magier seinen Arm bis an die Schulter in das tiefe, warme Wasser, und unter den Wurzeln des wunderbaren Baumes berührte er den breiten Rücken von Pau Amma, dem Krebs. Und Pau Amma senkte sich nieder bei der Berührung, und das ganze Meer wogte auf, wie das Wasser in einem Waschbecken, wenn Du Deine Hand hineinsteckst.

«Ah!» rief der Älteste Magier, «jetzt weiß ich, wer mit der See spielte.» Und er rief laut: «Was tust du da, Pau Amma?»

Und Pau Amma antwortete von ganz tief unten:

«Einmal am Tage und einmal in der Nacht gehe ich aus, um

Nahrung zu suchen. Einmal am Tage und einmal in der Nacht kehre ich wieder zurück. Laß mich in Ruhe!»

Da sagte der Älteste Magier: «Höre, Pau Amma, wenn du herauskommst aus deiner Höhle, strömen alle Wasser der See hinab in Pusat-Tasek, und alle Küsten aller Inseln bleiben unbedeckt, und die kleinen Fische sterben, und die Beine des Raya Moyang Kaban, des Königs der Elefanten, werden schmutzig vom Schlamm. Wenn du zurückkommst und in Pusat-Tasek sitzest, strömen die Wasser der See empor, und die Hälfte der kleinen Inseln versinkt, und das Haus des Mannes wird überflutet, und der Rachen des Raja Abdullah, des Königs der Krokodile, wird mit Salzwasser gefüllt.»

Da lachte Pau Amma tief da unten und sagte:

«Ich wußte nicht, daß ich so wichtig bin. In Zukunft werde ich siebenmal am Tage ausgehen, und die Wasser sollen nie ruhig sein.»

Und der Älteste Magier sagte:

«Ich kann dich nicht das Spiel spielen lassen, das du spielen willst, Pau Amma, denn du bist mir bei dem Ersten Anfang entwischt; aber wenn du dich nicht fürchtest, komm herauf, wir wollen darüber sprechen.»

«Ich fürchte mich nicht», sagte Pau Amma und kam an die Oberfläche des Meeres im Mondlicht. Keiner in der Welt war so groß wie Pau Amma – denn er war der Königkrebs aller Krebse. Eine Seite seiner breiten Schale berührte die Küste von Sarawak, die andere Seite stieß an Pahang, und er war höher als der Rauch von drei Vulkanen. Als er durch die Zweige des wunderbaren Baumes heraufkam, riß er eine der großen Zwillingsfrüchte ab – die magischen doppelkernigen Nüsse, die die Menschen wieder

*Dies ist das Bild von Pau Amma, dem Krebs, der aus dem Meer emporragt,
so hoch wie der Rauch von drei Vulkanen. Die drei Vulkane habe ich nicht
gezeichnet, weil schon so viel von Pau Amma zu zeichnen war. Pau Amma
will gerade einen Zauber machen, aber er ist nur ein dummer alter
Königkrebs und kann nichts machen. Du siehst, er besteht nur aus Beinen
und Klauen und leerer, hohler Schale. Das Kanu ist das Kanu, in dem der
Mann und die Mädchentochter und der Älteste Magier aus dem Perakfluß
hinaussegelten. Die See ist ganz schwarz und tanzt auf und nieder, denn
Pau Amma steigt gerad aus Pusat-Tasek herauf. Pusat-Tasek ist unter
dem Wasser, deshalb habe ich es nicht gezeichnet. Der Mann schwenkt
sein krummes Krismesser gegen Pau Amma. Die kleine Mädchentochter
sitzt ganz ruhig mitten im Kanu. Sie weiß, sie ist ganz außer Gefahr, wenn
sie bei ihrem Papa ist. Der Älteste Magier steht aufrecht an dem einen
Ende des Kanus und fängt an, einen Zauber zu machen. Er hat seinen
magischen Thron auf dem Ufer gelassen und hat seine Kleider ausgezogen,
damit sie nicht naß würden, und seine magische Wolke hat er ebenfalls
zurückgelassen, damit das Boot nicht umkippt. Das Ding, das aussieht wie
ein anderes kleines Kanu, neben dem richtigen Kanu, heißt Auslieger. Es
ist ein Stück Holz, mit Stöcken verbunden, und schützt das Kanu vor dem
Überkippen. Das Kanu ist aus einem Stück Holz gemacht, und an einem
Ende liegt ein Ruder.*

jung machen –, und die kleine Mädchentochter sah sie neben dem Kanu auf und nieder hüpfen und nahm sie herein und begann, die weichen Augen mit ihrer kleinen, goldenen Schere herauszuzupfen.

«Nun», sagte der Magier, «mache einen Zauber, Pau Amma, und zeige, wie wichtig du bist.»

Pau Amma rollte seine Augen und bewegte seine Beine, aber er konnte nur das Meer aufrühren, denn obgleich er ein Königkrebs war, war er doch nur ein Krebs, und der Älteste Magier lachte.

«Du bist also doch nicht so wichtig, trotz allem, Pau Amma», sagte er. «Nun laß mich versuchen.»

Und er machte einen Zauber mit seiner linken Hand, gerade nur mit dem kleinen Finger seiner linken Hand, und – sieh da, Liebling – Pau Ammas harte, blau-grün-schwarze Schale fiel ab von ihm wie die Schale von einer Kokosnuß, und Pau Amma ward ganz weich – weich, wie die kleinen Krebse, die Du zuweilen auf dem Ufer findest.

«Du bist wahrlich sehr bedeutend», sagte der älteste Magier. «Soll ich den Mann hier bitten, dich mit seinem Kris zu zerschneiden? Soll ich Raya Moyang Kaban, den König der Elefanten, herbestellen, daß er dich mit seinen Stoßzähnen durchbohrt? Oder soll ich Raja Abdullah, den König der Krokodile, rufen, daß er dich durchbeißt?»

Und Pau Amma sagte:

«Ich bin beschämt. Gib mir meine harte Schale wieder, und laß mich zurückgehen nach Pusat-Tasek, und ich will nur einmal am Tage und einmal in der Nacht herauskommen, um mir Nahrung zu suchen.»

Und der Älteste Magier sagte: «Nein, Pau Amma, deine Schale gebe ich dir nicht zurück, denn du würdest noch größer und stolzer und stärker werden und würdest vielleicht dein Versprechen vergessen und würdest wieder mit der See spielen.»

Da sagte Pau Amma: «Was soll ich anfangen? Ich bin so groß, daß ich mich nur in Pusat-Tasek verbergen kann, und wenn ich, so weich, wie ich jetzt bin, sonstwo hingehe, werden die Haifische mich fressen. Und wenn ich nach Pusat-Tasek gehe, kann ich, so weich, wie ich jetzt bin, mich nie herauswagen, um mein Futter zu suchen, und so muß ich sterben.» Und er bewegte seine Beine und wehklagte.

«Höre, Pau Amma», sagte der Älteste Magier. «Ich kann dich das Spiel nicht spielen lassen, das du spielen wolltest, denn du bist mir bei dem Ersten Anfang entwischt, aber wenn du es wünschst, kann ich jeden Stein und jedes Loch und jedes Büschel Gestrüpp zu einem sicheren Pusat-Tasek machen für dich und deine Kinder, für alle Zeiten.»

Da sagte Pau Amma: «Das ist gut, aber ich habe meine Wahl noch nicht getroffen. Sieh, da ist der Mann, der zu dir redete bei dem Ersten Anfang. Wenn er deine Aufmerksamkeit nicht abgelenkt hätte, würde ich nicht des Wartens müde geworden und nicht weggelaufen sein. Was wird er nun für mich tun?»

Und der Mann sagte: «Wenn du willst, mache ich einen Zauber, daß das tiefe Wasser und der trockene Grund ein Heim für dich und deine Kinder sein kann, so daß du dich sowohl auf dem Lande wie im Wasser verbergen kannst.»

Und Pau Amma sagte: «Ich habe noch nicht gewählt. Sieh, da ist das Mädchen, das mich weglaufen sah bei dem Ersten Anfang. Hätte sie damals gesprochen, so würde der Älteste Magier mich zurückgerufen haben, und all dieses wäre nie passiert. Und was wird sie nun für mich tun?»

Und die kleine Mädchentochter sagte: «Die Nuß, die ich hier esse, ist gut. Wenn du willst, mache ich einen Zauber und gebe dir diese sehr scharfe und starke Schere, daß du und deine Kinder, wenn ihr aus der See an das Land kommt, den ganzen Tag Kokosnüsse wie diese essen könnt, oder du kannst mit der Schere, die dir gehört, ein Pusat-Tasek graben, wenn kein Stein oder kein Loch nahebei ist; und wenn die Erde zu hart ist, kannst du mit dieser Schere an einem Baum hinaufklettern.»

Und Pau Amma sagte: «Ich wähle noch nicht, denn so weich, wie ich jetzt bin, würden diese Gaben mir nicht helfen. Gib mir meine Schale wieder, o Ältester Magier, dann will ich dein Spiel spielen.»

Und der Älteste Magier sprach: «Ich will sie dir zurückgeben, Pau Amma, für elf Monate im Jahr. Im zwölften Monat jeden Jahres soll sie wieder weich werden, um dich und all deine Kinder daran zu erinnern, daß ich Zauber machen kann, und um dich demütig zu erhalten, Pau Amma, denn ich weiß, wenn du im Wasser und auf dem Lande dich bewegen kannst, würdest du sonst zu keck werden, und wenn du auf die Bäume klettern und Nüsse knacken und Löcher graben kannst mit deiner Schere, würdest du zu gefräßig werden, Pau Amma.»

Da dachte Pau Amma ein bißchen nach und sagte: «Ich habe meine Wahl getroffen. Ich will alle die Gaben nehmen.»

Da machte der Älteste Magier einen Zauber mit der rechten Hand, mit allen fünf Fingern seiner rechten Hand, und sieh da, Liebling, Pau Amma wurde kleiner und kleiner, bis zuletzt nur ein kleiner, grüner Krebs neben dem Kanu herschwamm, der mit einer ganz kleinen Stimme rief:

«Gib mir meine Schere.»

Und die Mädchentochter nahm ihn auf mit ihrer kleinen braunen Hand und setzte ihn auf den Boden des Kanus und gab ihm ihre Schere, und er wiegte sie in seinen kleinen Armen, und öffnete sie und schloß sie und schnappte mit ihr und sagte:

«Ich kann Nüsse essen. Ich kann Schalen knacken. Ich kann Löcher graben. Ich kann auf Bäume klettern. Ich kann in trockener Luft atmen, und ich kann ein sicheres Pusat-Tasek unter jedem Stein finden. Ich wußte nicht, daß ich so wichtig bin. Kun?» (Ist das recht?)

«Payah kun», sagte der Älteste Magier, und er lachte und gab ihm seinen Segen. Und der kleine Pau Amma trippelte über die Seite des Kanus ins Wasser; und er war so winzig, daß er sich hätte unter dem Schatten eines trockenen Blattes auf dem Lande oder in einer leeren Muschel auf dem Grunde des Meeres verbergen können.

«War das gut gemacht?» fragte der Älteste Magier.

«Ja», sagte der Mann. «Aber nun müssen wir nach dem Perak zurück, und das ist weit zu rudern. Wenn wir gewartet hätten, bis Pau Amma aus Pusat-Tasek herausgekommen und wieder zurückgekehrt wäre, würde das Wasser uns so getragen haben.»

«Du bist träge», sagte der Älteste Magier. «So werden auch deine Kinder träge werden. Sie werden das trägste Volk der Welt werden. Sie sollen Malayen heißen – das träge Volk!» Und er hob seinen Finger nach dem Mond empor und sagte:

«O Fischer, hier dieser Mann ist zu träge, um heimzurudern. Zieh sein Kanu heim mit deiner Angelschnur, Fischer.»

«Nein», sagte der Mann, «wenn ich all meine Tage träge sein soll, so laß die See für mich arbeiten, zweimal jeden Tag für immer. Das wird Rudern sparen.»

Und der Älteste Magier lachte und sagte: «Payah kun.» (Das ist recht.)

Und die Ratte vom Mond hielt inne mit Nagen; und der Fischer ließ seine Angelschnur hinab, bis sie das Meer berührte, und er zog sie die ganze tiefe See entlang, vorbei an der Insel Bintang, vorbei an Singapore, vorbei an Malakka, vorbei an Selangor, bis das Kanu wieder in der Mündung des Perakflusses wirbelte.

«Kun?» sagte der Fischer vom Mond.

«Paya kun», sagte der Älteste Magier. «Du solltest die See zweimal jeden Tag und zweimal jede Nacht ziehen für alle Zeiten, so daß der Malaye nicht zu rudern braucht. Sei aber vorsichtig, daß du nicht zu scharf ziehst, sonst mach ich einen Zauber für dich wie für Pau Amma.»

Nun höre und merke auf!

Von dem Tage bis heute hat der Mond immer die See gezogen, aufwärts und abwärts, und gemacht, was wir Flut und Ebbe nennen. Zuweilen zieht der Fischer vom Mond zu fest, dann bekommen wir Springfluten, und zuweilen zieht er etwas zu wenig, und dann bekommen wir Springebben, aber fast immer macht er es sehr sorgfältig, aus Furcht vor dem Ältesten Magier.

Und Pau Amma?

Wenn Du an das Ufer gehst, kannst Du sehen, wie alle Pau-Amma-Babys sich selbst kleine Pusat-Taseks machen, unter jedem Stein und Büschel von Gestrüpp auf dem Sand; Du kannst sehen, wie sie ihre kleinen Scheren bewegen, und an einigen Plätzen der Welt leben sie wirklich auf dem trockenen Land und klettern auf die Palmenbäume und knacken Kokosnüsse auf, genau so, wie es die kleine Mädchentochter versprach. Aber einmal im Jahre müssen alle Pau Ammas ihre harte Rüstung abwerfen und weich werden, um sich zu erinnern, was der Älteste Magier tun kann. Und es ist nicht hübsch, Pau-Amma-Babys zu jagen oder zu töten, nur weil der alte Pau-Amma vor langen Zeiten einmal so dumm und grob war.

O ja! Und Pau-Amma-Babys mögen gar nicht gern aus ihren kleinen Pusat-Taseks herausgenommen und in Einmachgläsern nach Haus getragen werden. Deshalb knipsen sie Dich mit ihren Scheren, und das geschieht Dir recht!

Die Katze, die allein spazierenging

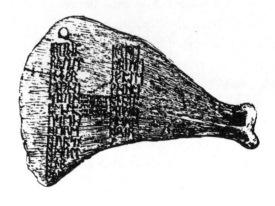

Hör zu und paß gut auf: denn dies geschah und passierte und war, mein Liebling, in der Zeit, als die zahmen Tiere wild waren. Der Hund war wild, und das Pferd war wild, und die Kuh war wild, und das Schaf war wild, und das Schwein war wild – so wild, wie ein Tier nur wild sein kann –, und sie liefen im nassen, wilden Wald umher auf ihren eigenen wilden Wegen. Aber das wildeste von allen wilden Tieren war die Katze. Sie ging allein spazieren, und es war ihr ganz gleich, wo.

Der Mensch natürlich war auch wild. Er war schrecklich wild. Und er fing nicht eher an, zahm zu werden, als bis er die Frau traf, und die sagte ihm, daß sie nicht in der wilden Weise leben möchte wie er. Sie suchte eine hübsche, trockene Höhle aus, um darin zu schlafen statt auf einem Haufen nasser Blätter; und sie streute reinen Sand auf den Boden und machte ein hübsches Holzfeuer hinten in der Höhle und hängte die getrocknete Haut eines wilden Pferdes – Schwanz nach unten – vor den Eingang der Höhle, und dann sagte sie:

«Tritt dich ab, Lieber, wenn du nach Hause kommst, und nun kann die Wirtschaft hier ihren Anfang nehmen.»

Den Abend, Liebling, aßen sie wildes Schaffleisch, auf heißen Steinen geröstet und mit wildem Knoblauch und wildem Pfeffer gewürzt, und wilde Ente, mit wildem Reis und wildem Bockshornklee und wildem Anis gefüllt, und Markknochen von wilden Ochsen und wilde Kirschen und wilde Granadillfrucht. Dann legte der Mann sich am Feuer schlafen und war wer weiß wie froh; aber die Frau blieb sitzen und kämmte ihr Haar. Sie nahm den Knochen von einer Hammelschulter, den großen, platten Schulterknochen, und betrachtete die merkwürdigen Zeichen darauf, und sie warf mehr Holz ins Feuer und machte dann einen Zauber. Sie machte den ersten Sangeszauber in der Welt.

Draußen in den nassen, wilden Wäldern sammelten sich alle die wilden Tiere auf einem Platz, von dem sie das Licht des Feuers weither sehen konnten, und sie wunderten sich, was es bedeutete.

Da stampfte das wilde Pferd mit seinem wilden Fuß und sagte:

«O meine Freunde und o meine Feinde, warum haben der Mann und die Frau das große Licht in der großen Höhle gemacht, und was wird es uns Schlimmes antun?»

Der wilde Hund hob seine wilde Nase auf und schnüffelte und schnüffelte nach dem gerösteten Hammel und sagte:

«Ich will hingehen und sehen und schauen und sagen, denn mich dünkt, es ist gut. Katze, komm mit!»

Dies ist das Bild der Höhle, in der der Mann und die Frau zuallererst lebten. Es war wirklich eine sehr hübsche Höhle und viel wärmer, als sie aussieht. Der Mann hatte ein Kanu; es liegt halb im Fluß, um Wasser einzusaugen, damit es sich wieder ausdehnt. Das zerlumpte Ding mitten im Fluß ist das Lachsnetz des Mannes, mit dem er Lachse fängt. Da liegen nette, reine Steine vom Fluß aufwärts zum Eingang der Höhle, damit der Mann und die Frau Wasser holen können, ohne Sand zwischen die Zehen zu bekommen. Die Dinger fernab auf dem Ufer, die wie schwarze Käfer aussehen, sind in Wirklichkeit Stämme von abgestorbenen Bäumen, die im Fluß heruntertrieben, aus den nassen, wilden Wäldern am andern Ufer. Der Mann und die Frau pflegten sie herauszuziehen und zu Brennholz zu zerschneiden. Die Gardine von Pferdehaut am Eingang der Höhle habe ich nicht gezeichnet, weil die Frau sie gerade abgenommen hatte, zum Rein- machen. All die kleinen Klexereien zwischen der Höhle und dem Fluß sollen die Fußspuren der Frau und des Mannes sein.

Der Mann und die Frau sind drinnen in der Höhle. Sie essen gerade zu Mittag. Als das Baby ankam, bezogen sie eine andere, behaglichere Höhle, denn das Baby krabbelte öfter hinunter an den Fluß und fiel hinein, und der Hund mußte es wieder herausholen.

«Nee, nee!» sagte die Katze. «Ich bin die Katze, die allein spazierengeht, und mir ist es gleich, wo. Ich gehe nicht mit.»

«Dann können wir nie wieder Freunde werden», sagte der wilde Hund, und er trottete weg nach der Höhle. Aber als er ein Weilchen fort war, sprach die Katze zu sich selbst:

«Mir sind alle Plätze gleich. Warum soll ich nicht auch gehen und sehen und schauen und wieder weggehen, wenn es mir beliebt?» So schlüpfte sie hinter dem wilden Hund her und verbarg sich da, wo sie alles hören konnte.

Als der wilde Hund den Eingang der Höhle erreichte, hob er mit seiner Nase die getrocknete Pferdehaut in die Höhe und schnüffelte den wunderschönen Geruch des gebratenen Hammels ein, und die Frau, die gerade den Schulterknochen betrachtete, hörte ihn und lachte und sagte: «Da kommt der erste! Wildes Ding aus den wilden Wäldern, was willst du?»

Der wilde Hund sagte: «O mein Feind und Weib meines Feindes, was ist das, was so prachtvoll riecht in den wilden Wäldern?»

Da hob die Frau einen gerösteten Hammelknochen auf und warf ihn dem wilden Hund hin und sagte: «Wildes Ding aus den wilden Wäldern, schmecke und probiere.»

Der wilde Hund nagte den Knochen, und der war delikater als alles, was er bisher geschmeckt hatte, und er sagte: «O mein Feind und Weib meines Feindes, gib mir noch einen.»

Die Frau sagte: «Wildes Ding aus den wilden Wäldern, hilf meinem Manne, am Tage zu jagen, und bewache seine Höhle in der Nacht, und ich will dir soviel gebratene Knochen geben, wie du nötig hast.»

«Ah!» sagte die Katze, horchend, «das ist eine kluge Frau; aber sie ist nicht so klug wie ich.»

Der wilde Hund kroch in die Höhle und legte seinen Kopf auf den Schoß der Frau und sagte: «O mein Freund und Weib meines Freundes, ich will deinem Manne am Tage helfen zu jagen, und in der Nacht will ich euere Höhle bewachen.»

«Ah!» sagte die Katze, horchend, «das ist ein närrischer Hund.» Und sie ging zurück in die nassen, wilden Wälder, schwenkte ihren wilden Schwanz und spazierte auf ihren wilden Wegen. Aber sie sagte keinem ein Wort.

Als der Mann aufwachte, sagte er: «Was will das wilde Ding hier?» Und die Frau sagte:

«Sein Name ist nicht mehr Wilder Hund; sein Name ist Erster Freund, denn er wird unser Freund sein für immer und immer und immer. Nimm ihn mit dir, wenn du auf die Jagd gehst.»

Den nächsten Abend schnitt die Frau viele Armvoll frisches, grünes Gras von den Wasserwiesen und trocknete es vor dem Feuer, und es duftete wie frisch gemähtes Heu, und sie saß am Eingang der Höhle und flocht einen Halfter aus Pferdehaut, und sie betrachtete den Hammelschulterknochen, den großen, breiten Schulterknochen – und sie machte einen Zauber. Sie machte den zweiten Sangeszauber in der Welt.

Draußen in den wilden Wäldern wunderten alle die wilden Tiere sich, was wohl aus dem wilden Hund geworden wäre, und zuletzt stampfte das wilde Pferd mit seinem wilden Fuß und sagte:

«Ich will gehen und sehen und sagen, warum ist der wilde Hund nicht zurückgekommen? Katze, geh mit mir!»

Dies ist das Bild von der Katze, die allein spazierenging durch die nassen, wilden Wälder, wie sie ihren wilden Schwanz schwenkte und auf wilden Wegen spazierte. Es ist nichts weiter auf dem Bild als ein paar Giftpilze. Das lumpige Ding an dem niedrigen Zweig ist kein Vogel. Es ist Moos, das da wuchs, weil die wilden Wälder so naß waren.

Unterhalb des wirklichen Bildes ist ein Bild der behaglichen Höhle, die der Mann und die Frau bezogen, als das Baby gekommen war. Es war ihre Sommerhöhle. Vorn vor der Höhle wächst Weizen. Der Mann reitet auf dem Pferd. Er sucht die Kuh, die in der Höhle gemolken werden soll. Er hält seine Hand in die Höhe, um dem Hund zu winken, der an die andere Seite des Flusses geschwommen ist, um hinter Kaninchen herzujagen.

«Nee, nee!» sagte die Katze, «ich bin die Katze, die allein spazierengeht, und mir ist es gleich, wo. Ich will nicht mit.»

Aber trotzdem folgte sie dem wilden Pferd leise, ganz leise, und verbarg sich da, wo sie alles hören konnte.

Als die Frau das wilde Pferd trampeln und über seine lange Mähne stolpern hörte, lachte sie und sagte: «Da kommt der zweite. Wildes Ding aus den wilden Wäldern, was willst du?»

Das wilde Pferd sagte: «O mein Feind und Weib meines Feindes, wo ist der wilde Hund?»

Die Frau lachte und hob den Schulterknochen auf und betrachtete ihn und sagte:

«Wildes Ding aus den wilden Wäldern, du bist nicht hergekommen wegen des wilden Hundes. Du bist hergekommen wegen des guten Heus.»

Und das wilde Pferd, trampelnd und über seine lange Mähne stolpernd, sagte: «Das ist wahr. Gib es mir zu fressen.»

Die Frau sagte: «Wildes Ding aus den wilden Wäldern, beuge deinen wilden Kopf und trage, was ich dir gebe, und du sollst das prachtvolle Heu fressen, dreimal jeden Tag.»

«Ah!» sagte die Katze, horchend, «das ist eine ausgezeichnet kluge Frau; aber nicht so klug, wie ich bin.»

Das wilde Pferd beugte seinen wilden Kopf, und die Frau legte ihm den Halfter aus geflochtener Haut an, und das wilde Pferd schnaufte zu den Füßen der Frau und sagte:

«O meine Herrin und Weib meines Herrn, ich will euer Diener sein um des prachtvollen Grases willen.»

«Ah!» sagte die Katze, horchend, «das ist ein sehr närrisches Pferd.»

Und sie ging zurück in die nassen, wilden Wälder und schwenkte ihren wilden Schwanz und spazierte auf ihren wilden Wegen. Aber sie sagte keinem ein Wort.

Als der Mann und der Hund von der Jagd kamen, sagte der Mann: «Was will das wilde Pferd hier?» Und die Frau sagte: «Sein Name ist nicht mehr Wildes Pferd, sein Name ist der Erste Diener, denn es wird uns tragen von Ort zu Ort, für immer und immer und immer. Reite auf seinem Rücken, wenn du auf die Jagd gehst.»

Am nächsten Tage ging die wilde Kuh, ihren wilden Kopf hoch haltend, damit ihre wilden Hörner nicht in den wilden Bäumen festhakten, zur Höhle, und die Katze folgte ihr und verbarg sich genauso wie vorher; und alles passierte genauso wie vorher, und die Katze sagte dasselbe wie vorher. Und als die wilde Kuh versprochen hatte, der Frau jeden Tag ihre Milch zu geben, im Austausch für das prachtvolle Gras, ging die Katze zurück in die nassen, wilden Wälder, schwenkte ihren wilden Schwanz und spazierte auf ihren wilden Wegen, genauso wie vorher. Aber sie sagte keinem ein Wort. Und als der Mann und das Pferd und der Hund von der Jagd kamen, stellte er dieselbe Frage wie vorher. Und die Frau sagte:

«Sie heißt nicht mehr Wilde Kuh; sie heißt Geberin guter Nahrung. Sie wird uns die warme, weiße Milch geben für immer und immer, und ich will für sie sorgen, während du mit dem Ersten Freund und dem Ersten Diener auf die Jagd gehst.»

Am nächsten Tage paßte die Katze auf, ob irgendein anderes wildes Ding zur Höhle gehen würde, aber keins ging fort aus den nassen, wilden Wäldern; und so ging die Katze allein. Und sie sah die Frau die Kuh melken und sah das Licht vom Feuer in der Höhle und roch den Geruch von der warmen, weißen Milch.

Katze sagte: «O mein Feind und Weib meines Feindes, wo ist die wilde Kuh?»

Die Frau lachte und sagte: «Wildes Ding aus den wilden Wäldern, gehe zurück in die Wälder, denn ich habe mein Haar geflochten und habe den magischen Schulterknochen weggelegt, weil wir weder Freunde noch Diener mehr brauchen in unserer Höhle.»

Katze sagte: «Ich bin kein Freund, und ich bin kein Diener. Ich bin die Katze, die allein spazierengeht, aber ich möchte gern in eure Höhle kommen.»

Frau sagte: «Warum kamst du dann nicht mit dem Ersten Freund in der ersten Nacht?»

Katze wurde sehr bös und sagte: «Hat der wilde Hund Geschichten von mir erzählt?»

Da lachte die Frau und sagte: «Du bist die Katze, die allein spazierengeht, und es ist dir gleich, wo. Du bist weder ein Freund noch ein Diener. Du hast es selbst gesagt. Geh fort, und geh allein spazieren, da alle Plätze dir gleich sind.»

Da tat die Katze so, als wäre sie betrübt, und sagte:

«Darf ich niemals in die Höhle kommen? Darf ich niemals bei dem warmen Feuer sitzen? Darf ich niemals weiße, warme Milch trinken? Du bist so weise und so schön. Du solltest nicht grausam sein, nicht einmal gegen eine Katze.»

Frau sagte: «Daß ich weise war, wußte ich, aber ich wußte nicht, daß ich schön war. So will ich denn einen Vertrag mit dir machen. Wenn jemals ich ein Wort zu deinem Lob sage, dann darfst du in die Höhle kommen.»

«Und wenn du zwei Worte zu meinem Lobe sagst?» fragte die Katze.

«Das wird nie geschehen», sagte die Frau, «aber wenn ich zwei Worte zu deinem Lob sage, darfst du beim Feuer in der Höhle sitzen.»

«Und wenn du drei Worte sagst?» fragte die Katze.

«Das wird nie geschehen», sagte die Frau. «Aber wenn ich drei Worte zu deinem Lobe sage, darfst du von der warmen, weißen Milch trinken, dreimal am Tage, für immer und immer und immer.»

Da machte die Katze einen Buckel und sagte: «Nun laß die Gardine am Mund der Höhle und das Feuer im Hintergrund der Höhle und die Milchtöpfe, die neben dem Feuer stehen, sich erinnern, was mein Feind und das Weib meines Feindes versprach.»

Und sie ging weg in die nassen, wilden Wälder und schwenkte ihren wilden Schwanz und spazierte auf ihren wilden Wegen.

Als am Abend der Mann und das Pferd und der Hund heimkamen von der Jagd, erzählte die Frau ihnen nichts von dem Vertrag, den sie mit der Katze gemacht, weil sie fürchtete, daß sie nicht damit zufrieden sein würden.

Katze ging weit, weit weg und verbarg sich in den nassen, wilden Wäldern auf ihren wilden Wegen, so lange, daß die Frau sie ganz vergessen hatte. Nur die Fledermaus – die kleine Das-Oberste-zu-unterst-Fledermaus – die drinnen in der Höhle hing, wußte, wo die Katze sich verbarg; und jeden Abend flog Fledermaus zur Katze und erzählte ihr, was passierte.

Eines Abends sagte die Fledermaus: «Es ist ein Baby in der

Höhle. Es ist neu und rosa und fett und klein, und die Frau hat es sehr lieb.»

«Ah!» sagte Katze, «aber was hat das Baby lieb?»

«Das Baby mag gern Dinger leiden, die weich sind und kitzeln», sagte Fledermaus. «Es mag gern warme Dinger in seinen Armen halten, wenn es einschlafen will. Es mag gern, daß man mit ihm spielt. All so was mag es gern.»

«Ah!» sagte die Katze, aufhorchend, «dann ist meine Zeit gekommen.»

In der nächsten Nacht ging die Katze durch die nassen, wilden Wälder und verbarg sich nahe der Höhle, bis es Morgen wurde und der Mann und der Hund und das Pferd auf die Jagd gingen. Die Frau mußte an dem Morgen kochen, und das Baby störte sie unaufhörlich. So trug sie es denn vor die Höhle und gab ihm eine Handvoll Steinchen zum Spielen. Aber das Baby schrie noch immer.

Da streckte die Katze ihre weiche Pfote aus und tappte das Baby auf die Backe, und es girrte freudig; und die Katze rieb sich gegen seine fetten Knie und kitzelte es mit dem Schwanz unter seinem fetten Kinn. Und das Baby lachte; und die Frau hörte es und lächelte.

Da sagte die Fledermaus, die kleine Das-Oberste-zu-unterst-Fledermaus, die am Eingang der Höhle hing:

«O meine Gastgeberin und Weib meines Gastgebers und Mutter von meines Gastgebers Sohn, ein wildes Ding aus den wilden Wäldern spielt wunderhübsch mit deinem Baby.»

«Ein Segen über das wilde Ding, was immer es sein mag», sagte die Frau, sich aufrichtend. «Ich hatte so viel zu tun heute, und es hat mir einen Dienst geleistet.»

Zur selben Minute und Sekunde, Liebling, fiel die getrocknete Pferdehautgardine, die, Schwanz nach unten, am Eingang der Höhle hing, herunter – Wuusch! –, denn sie erinnerte sich des Vertrages, der mit der Katze gemacht war; und wie die Frau hinging, um sie aufzuheben – sieh da! –, da saß die Katze ganz behaglich drinnen in der Höhle.

«O mein Feind und Weib meines Feindes und Mutter meines Feindes», sagte die Katze, «ich bin es! Denn du hast ein Wort zu meinem Lob gesagt, und nun kann ich in der Höhle sitzen für immer und immer und immer. Aber doch bin ich die Katze, die allein spazierengeht, und es ist mir gleich, wo.»

Die Frau ärgerte sich, schloß die Lippen fest, nahm ihr Spinnrad und spann.

Aber das Baby schrie, weil die Katze fortgegangen war, und die Frau konnte es nicht beruhigen, und es strampelte und trat und wurde schwarz im Gesicht.

«O mein Feind und Weib meines Feindes und Mutter meines Feindes», sagte die Katze, «nimm einen Faden von dem Garn, das du spinnst, und knote ihn an deine Spinngabel und ziehe ihn über den Boden, und ich will dir einen Zauber zeigen, der dein Baby so laut lachen macht, wie es jetzt schreit.»

«Ich will es tun», sagte die Frau, «denn mir steht der Verstand still; aber bedanken tue ich mich nicht bei dir.»

Sie band den Faden an die kleine Tonspindelgabel und zog ihn über die Erde, und die Katze rannte hinterher und machte klipp, klapp mit ihren Pfoten und kugelte kopfüber, kopfunter, und warf ihn rückwärts über ihre Schulter und jagte ihn zwischen ihre Hinterfüße und tat so, als wenn sie ihn verloren hätte, und schoß wieder drauflos, bis das Baby so laut lachte, wie es geschrien hatte; und es strampelte zur Katze hin und jauchzte, daß man es durch die Höhle hörte, und wurde müde und legte sich hin und schlief ein und hielt die Katze in seinen Armen.

«Nun», sagte die Katze, «will ich dem Baby ein Lied singen, das es eine Stunde im Schlaf erhalten soll.» Und sie fing an zu schnurren, laut und leise, leise und laut, bis das Baby fest schlief. Die Frau lächelte, als sie auf die beiden niederschaute, und sagte: «Das war prachtvoll gemacht! Keine Frage, Katze, du bist sehr geschickt.»

Zur selben Minute und Sekunde, Liebling, kam der Rauch des Feuers hinten in der Höhle in Wolken herab von der Decke – Puff! –, denn er erinnerte sich des Vertrages, der mit der Katze gemacht war; und als er sich verzogen hatte – sieh da! –, da saß die Katze ganz behaglich am Feuer.

«O mein Feind und Weib meines Feindes und Mutter meines Feindes», sagte die Katze, «ich bin's! Denn du hast ein zweites Wort zu meinem Lobe gesagt, und nun kann ich bei dem warmen Feuer hinten in der Höhle sitzen für immer und immer und immer. Aber doch bin ich die Katze, die allein spazierengeht, und es ist mir gleich, wo.»

Da ärgerte die Frau sich noch mehr und ließ ihr Haar herunter und legte mehr Holz ans Feuer und nahm den breiten Schulterknochen von der Hammelschulter und fing an, einen Zauber zu machen, der sie davor bewahren sollte, ein drittes Wort zum Lob der Katze zu sagen. Es war kein Sangeszauber, Liebling; es war ein stiller Zauber, und nach und nach wurde es so still in der Höhle, daß eine kleine Liliputmaus aus einem Loch kam und über den Boden lief.

«O mein Feind und Weib meines Feindes und Mutter meines

Feindes», sagte die Katze, «ist die kleine Maus ein Teil von deinem Zauber?»

«Hu! Hu! Nein, nein!» schrie die Frau und warf den Schulterknochen hin und sprang auf eine Fußbank vor dem hellen Feuer und flocht schnell ihr Haar hoch, aus Furcht, daß die Maus daran herauflaufen könnte.

«Ah!» sagte die Katze lauernd, «dann wird es mir ja keinen Schaden tun, wenn ich sie fresse.»

«Nein», rief die Frau, ihr Haar aufflechtend, «friß sie schnell, und ich werde dir immer dankbar sein.»

Katze machte einen Sprung und fing die kleine Maus, und die Frau sagte:

«Danke hundertmal. Selbst der Erste Freund ist nicht flink genug, um kleine Mäuse zu fangen, so wie du. Du mußt sehr geschickt sein.»

Zur selben Minute und Sekunde, o Liebling, krachte der Milchtopf, der am Feuer stand, in zwei Stücke – ffft! –, denn er erinnerte sich des Vertrages, der mit der Katze gemacht war; und als die Frau von der Fußbank heruntersprang – sieh da –, da schlappte die Katze die warme, weiße Milch, die noch in einem der zerbrochenen Stücke war.

«O mein Feind und Weib meines Feindes und Mutter meines Feindes», sagte die Katze, «ich bin's! Denn du hast drei Worte zu meinem Lobe gesagt, und nun kann ich die warme, weiße Milch trinken, dreimal am Tage für immer und immer und immer. Aber doch bin ich die Katze, die allein spazierengeht – und es ist mir gleich, wo.»

Da lachte die Frau und stellte der Katze eine Schale warmer, weißer Milch hin und sagte:

«O Katze, du bist so geschickt wie ein Mann, aber erinnere dich, daß dein Vertrag nicht mit dem Mann und nicht mit dem Hund gemacht wurde, und ich weiß nicht, was sie tun werden, wenn sie heimkommen.»

«Was kümmert das mich?» sagte die Katze. «Wenn ich meinen Platz in der Höhle bei dem Feuer habe und meine warme, weiße Milch dreimal am Tage, dann frage ich nicht danach, was der Mann oder der Hund tun werden.»

Am Abend, als der Mann und der Hund in die Höhle kamen, erzählte die Frau die Geschichte von dem Vertrag; die Katze aber saß am Feuer und schmunzelte. Da sagte der Mann:

«Ja, sie hat aber keinen Vertrag mit mir gemacht und mit keinem richtigen Mann nach mir.»

Dann zog er seine zwei ledernen Stiefel aus und nahm seine kleine steinerne Axt auf (das macht drei) und holte ein Stück Holz und Beil (das macht fünf, alles zusammen) und legte alles in einer Reihe hin und sagte:

«Nun wollen wir unseren Vertrag machen. Wenn du keine Mäuse fängst, während du in der Höhle bist für immer und immer und immer, so werde ich diese fünf Dinge nach dir werfen, sooft ich dich sehe, und das wird jeder richtige Mann nach mir tun.»

«Ah!» sagte die Frau, horchend, «sie ist eine sehr kluge Katze, aber sie ist nicht so klug wie mein Mann.»

Die Katze zählte die fünf Dinge (und sie sahen sehr knorrig aus), und sie sagte: «Ich will Mäuse fangen, wenn ich in der Höhle bin für immer und immer und immer; aber doch bleibe ich die Katze, die allein spazierengeht, und es ist mir ganz gleich, wo.»

«Nicht, wenn ich hier bin», sagte der Mann. «Wenn du dies letzte nicht gesagt hättest, würde ich alle diese Sachen wieder weggelegt haben für immer und immer und immer; nun aber werde ich meine zwei Stiefel und meine kleine Steinaxt (das macht drei) nach dir werfen, wo immer ich dich treffe. Und so werden es alle richtigen Männer nach mir tun.»

Da sagte der Hund: «Wart einen Augenblick. Sie hat keinen Vertrag mit mir gemacht, auch nicht mit allen richtigen Hunden nach mir.»

Und er zeigte seine Zähne und sagte:

«Wenn ich in der Höhle bin, und du bist nicht nett mit Baby für immer und immer und immer, so will ich dich jagen, bis ich dich packe; und wenn ich dich packe, will ich dich beißen, und so werden es alle richtigen Hunde nach mir machen.»

«Ah!» sagte die Frau horchend, «sie ist eine sehr kluge Katze, aber sie ist nicht so klug wie der Hund.»

Katze zählte die Zähne des Hundes (und die waren sehr spitz), und sie sagte:

«Ich will nett mit Baby sein, wenn ich in der Höhle bin, solang es mich nicht zu fest am Schwanz zieht, für immer und immer und immer; aber doch bin ich die Katze, die allein spazieren geht, und es ist mir ganz gleich, wo.»

«Nicht, wenn ich hier bin», sagte der Hund. «Wenn du dies letzte nicht gesagt hättest, würde ich mein Maul zugehalten haben für immer und immer und immer; nun aber will ich dich einen Baum hinaufjagen, wenn immer ich dich treffe, und so werden es alle richtigen Hunde nach mir machen.»

Dann warf der Mann seine zwei Stiefel und seine kleine Steinaxt (das macht drei) nach der Katze; und die Katze rannte aus der Höhle, und der Hund jagte sie auf einen Baum hinauf. Und von dem Tage an bis heute, Liebling, werden drei richtige Männer von fünfen immer Sachen nach der Katze werfen, wenn immer sie sie treffen, und alle richtigen Hunde werden sie den Baum hinaufjagen. Aber die Katze hält auch an ihrem Teil des Vertrages fest. Sie wird Mäuse fangen und wird nett gegen Babys sein, genauso lang, wie sie sie nicht zu fest am Schwanz ziehen. Aber wenn sie das getan hat und von Zeit zu Zeit und wenn der Mond aufgeht und die Nacht kommt, dann ist sie die Katze, die allein spazierengeht und der alle Plätze gleich sind. Und dann geht sie hinaus in die nassen, wilden Wälder oder auf die nassen, wilden Bäume oder auf die nassen, wilden Dächer, und sie schwenkt ihren wilden Schwanz und spaziert auf ihren wilden Wegen.

Der Schmetterling, der mit dem Fuß stampfte

Dieses, o mein Liebling, ist eine Geschichte – eine neue und eine wunderhübsche Geschichte – eine Geschichte, ganz verschieden von allen anderen Geschichten – eine Geschichte von dem sehr weisen Herrscher Suleiman-ben-Daud-Salomo, dem Sohn von David.

Es gibt dreihundertundfünfundfünfzig Geschichten von Suleiman-ben-Daud; aber dies ist keine davon. Es ist nicht die Geschichte von dem Kibitz, der das Wasser fand; auch nicht von dem Wiedehopf, der Suleiman-ben-Daud vor der Hitze schützte. Es ist nicht die Geschichte von dem Pflaster aus Glas oder von dem Rubin mit dem schiefen Loch oder aus den Goldbarren von Balkis. Es ist die Geschichte von dem Schmetterling, der stampfte.

Nun hör zu und paß gut auf!

Suleiman-ben-Daud war weise. Er verstand, was die Tiere sprachen, was die Vögel sprachen, was die Fische sprachen und was die Insekten sprachen. Er verstand, was die Felsen tief unter der Erde sagten, wenn sie sich zueinanderneigten, und was die Bäume sagten, wenn sie morgens rauschten. Und Balkis, seine Oberste Königin, die wunderschöne Königin Balkis, war beinahe ebenso weise wie er.

Suleiman-ben-Daud war stark. An dem dritten Finger seiner rechten Hand trug er einen Ring. Wenn er ihn einmal umdrehte, kamen Afrits und Djinns (Dämonen) aus der Erde, um zu tun, was immer er befahl. Wenn er ihn zweimal drehte, kamen Feen vom Himmel herab, um zu tun, was immer er befahl, und wenn er ihn dreimal drehte, kam der mächtige Engel Azrael mit dem Schwert selbst, als Wasserträger gekleidet, und erzählte ihm die Neuigkeiten aus den drei Welten – Oben, Unten und Hier.

Und doch war Suleiman-ben-Daud nicht stolz. Er tat selten groß, und wenn er es getan hatte, tat es ihm leid. Einmal versuchte er, alle Tiere in der ganzen Welt an einem Tage zu füttern; als aber das Essen fertig war, kam ein Tier von tief unten aus dem Meer und aß es in drei Mundvoll auf. Suleiman-ben-Daud war sehr erstaunt und sagte: «O Tier, wer bist du?»

Und das Tier sagte: «O König, lebe für immer! Ich bin der kleinste von dreißigtausend Brüdern, und unser Haus ist auf dem Grunde des Meeres. Wir hörten, du wolltest alle Tiere in der ganzen Welt füttern, und meine Brüder schickten mich her, um zu fragen, wann das Mittagessen fertig sein würde.»

Suleiman-ben-Daud war noch mehr erstaunt und sagte:

«O Tier, du hast das ganze Mittagessen aufgegessen, das ich für alle Tiere in der ganzen Welt zurechtgemacht hatte.»

Und das Tier sagte:

«O König, lebe für immer! Aber nennst du das wirklich ein Mittagessen? Woher ich komme, da essen wir zweimal soviel als das zwischen den Mahlzeiten.»

Da fiel Suleiman-ben-Daud platt auf sein Gesicht und sagte:

«O Tier! Ich gab das Mittagessen, um zu zeigen, was für ein mächtiger und reicher König ich bin, und nicht, um wirklich gut gegen die Tiere zu sein. Nun bin ich beschämt, und das geschieht mir recht.»

Suleiman-ben-Daud war wirklich ein richtig weiser Mann, Liebling. Nach diesem vergaß er nie, daß es dumm ist, großzutun; und jetzt fängt der richtige Geschichtenteil meiner Geschichte an.

Er heiratete viele, viele Frauen außer der wunderschönen Balkis, und sie lebten alle in einem großen, goldenen Palast in der Mitte eines lieblichen Gartens mit Springbrunnen. Er hatte nicht gerade neunhundertneunundneunzig Frauen nötig; aber in jenen Tagen heiratete jeder wer weiß wie viele Frauen, und der König hatte natürlich noch so viel mehr zu heiraten, just um zu zeigen, daß er König war.

Manche von den Frauen waren nett, aber manche waren einfach greulich, und die greulichen zankten mit den netten, bis die auch greulich wurden, und dann zankten sie alle mit Suleimanben-Daud, und das war schrecklich für ihn. Aber Balkis, die Wunderschöne, zankte nie mit Suleiman-ben-Daud. Sie liebte ihn zu sehr. Sie saß in ihren Gemächern in dem goldenen Palast oder spazierte in dem Palastgarten und war wirklich betrübt um ihn.

Wäre es ihm in den Sinn gekommen, den Ring an seinem Finger umzudrehen und die Djinns und Afrits herbeizurufen, so

Dies ist das Bild von dem Tier, das aus dem Meer herauskam und das ganze Essen aufaß, das Suleiman-ben-Daud für alle Tiere in der ganzen Welt zurechtgemacht hatte. Es war wirklich ein ganz nettes Tier, und seine Mammi hatte es recht lieb, ebenso wie seine neunundzwanzigtausendneunhundertundneunundneunzig Brüder, die auf dem Grund des Meeres lebten. Du weißt, daß es von allen Brüdern der kleinste war, und sein Name war Däumling-Goldfisch. Er aß all die Schachteln und Pakete und Ballen und alles auf, was für alle Tiere zurechtgemacht war, ohne einmal die Deckel abzunehmen oder die Stricke loszumachen, und das tat ihm gar keinen Schaden. Die spitzigen Masten hinter den Schachteln und Ballen gehören zu Suleiman-ben-Dauds Schiffen. Die brachten noch mehr Futter, als Däumling-Goldfisch an Land kam.

Die Schiffe aß er nicht, denn die hörten augenblicklich auf auszuladen und kehrten in die See zurück, bis Däumling-Goldfisch fertig mit essen war. Du kannst einige von den Schiffen wegsegeln sehen neben Däumling-Goldfischens Schulter. Suleiman-ben-Daud habe ich nicht gezeichnet. Er ist gleich neben dem Bild, aber sehr erstaunt. Das Bündel, das an dem Mast des Schiffes an der Ecke hängt, ist wirklich ein Kolli nasser Datteln, zum Essen für die Papageien. Die Namen der Schiffe weiß ich nicht. Das ist alles, was auf dem Bild ist.

würden die natürlich die neunhundertundneunundneunzig zänkischen Weiber verzaubert und vielleicht in weiße Wüstenmaulesel oder Windhunde oder Granatapfelkerne verwandelt haben; doch Suleiman-ben-Daud dachte, das hätte aussehen können, als wollte er großtun. Wenn sie aber zu viel zankten, dann ging er ganz für sich allein in einem Teil des wunderschönen Palastgartens herum und wünschte, daß er nie geboren wäre.

Eines Tages, als sie drei Wochen gezankt hatten – alle neunhundertneunundneunzig Weiber auf einmal –, ging Suleiman-ben-Daud wieder hinaus wie gewöhnlich, um Ruhe und Frieden zu haben; und zwischen den Orangenbäumen begegnete er Balkis, der Wunderschönen, die ganz traurig war, weil Suleiman-ben-Daud sich geärgert hatte. Und sie sagte:

«O mein Herr und Licht meiner Augen, drehe den Ring an deinem Finger um, und zeige diesen Königinnen von Ägypten und Mesopotamien und Persien und China, daß du der mächtige und furchtbare König bist.»

Aber Suleiman-ben-Daud schüttelte sein Haupt und sagte:

«O meine Herrin und Entzücken meines Lebens, erinnere dich des Tieres, das aus der See kam und mich beschämte vor allen Tieren in der ganzen Welt, weil ich großtun wollte. Wenn ich nun jetzt großtun wollte vor diesen Königinnen von Persien und Ägypten und Abessinien und China, nur deshalb, weil sie mich ärgern, so könnte ich vielleicht noch ärger beschämt werden als damals.»

Und Balkis, die Wunderschöne, sagte: «O mein Herz und Schatz meiner Seele, was willst du denn aber anfangen?»

Und Suleiman-ben-Daud sagte: «O meine Herrin und Inhalt meines Herzens, ich werde fortfahren, mein Schicksal zu ertragen, an der Hand dieser neunhundertneunundneunzig Königinnen, die mich ärgern mit ihrem ewigen Gezank.»

So spazierte er weiter zwischen den Lilien und Mispeln und Rosen und Cannas und den stark riechenden Ingwerpflanzen, die in dem Garten wuchsen, bis er zu dem großen Kampferbaum kam, der genannt wurde: der Kampferbaum des Suleiman-ben-Daud.

Balkis aber verbarg sich zwischen den hohen Schwertlilien und gefleckten Bambussen hinter dem Kampferbaum, um ihrem herzallerliebsten Suleiman-ben-Daud nahe zu sein.

Alsbald flogen zwei Schmetterlinge unter den Baum, und die zankten sich.

Suleiman-ben-Daud hörte den einen zum andern sagen: «Mich wundert deine Dreistigkeit, so zu mir zu sprechen. Weißt du nicht, daß, wenn ich mit meinem Fuß aufstampfe, hier der ganze Palast und Garten des Suleiman-ben-Daud gleich mit einem Donnerschlage verschwinden würde?»

Da vergaß Suleiman-ben-Daud seine neunhundertneunundneunzig unangenehmen Weiber und lachte über des Schmetterlings Prahlerei, bis der Kampferbaum wackelte. Und er hielt seinen Finger hin und sagte: «Kleiner Mann, komm her!»

Der Schmetterling war furchtbar bange, aber er brachte es doch fertig, auf Suleiman-ben-Dauds Hand zu fliegen, und da saß er und fächerte sich. Suleiman-ben-Daud neigte sein Haupt und wisperte ganz leise:

«Kleiner Mann, weißt du, daß all dein Stampfen nicht einmal einen Grashalm bewegen würde? Warum flunkerst du so kolossal vor deinem Weib? – Denn ohne Zweifel ist sie dein Weib.»

Der Schmetterling sah Suleiman-ben-Daud an und sah des höchst weisen Königs Augen glitzern wie Sterne in einer Frostnacht, und er nahm seinen Mut mit beiden Flügeln zusammen und legte den Kopf auf eine Seite und sagte:

«O König, lebe für immer! Sie ist mein Weib, und du weißt, wie die Weiber sind.»

Suleiman-ben-Daud lächelte in seinen Bart und sagte: «Ja, ich weiß es, kleiner Bruder.»

«Man mußte sie doch auf irgendeine Weise in Respekt halten», sagte der Schmetterling, «und sie hat den ganzen Morgen mit mir gezankt. Ich sagte das nur, um sie zu beruhigen.»

Und Suleiman-ben-Daud sagte: «Möge es sie beruhigen! Geh zurück zu deiner Frau, kleiner Bruder, und laß mich hören, was du ihr sagst.»

Zurück flog der Schmetterling zu seinem Weibchen, das in voller Aufregung unter einem Blatte saß, und es sagte: «Er hörte dich! Suleiman-ben-Daud selbst hat dich gehört!»

«Hörte mich! Natürlich hörte er mich!» sagte der Schmetterling. «Ich wollte, daß er mich hören sollte.»

«Und was sagte er? Oh, was hat er gesagt?»

«Nun», sagte der Schmetterling, sich würdevoll fächernd, «unter uns gesagt, meine Liebe – ich begreife es wohl, denn sein Palast muß viel Geld gekostet haben, und die Orangen werden bald reif –, er bat mich, nicht zu stampfen, und ich versprach ihm, es nicht zu tun.»

«Ach, du meine Güte!» sagte sein Weib und saß ganz, ganz still; aber Suleiman-ben-Daud lachte über die Unverschämtheit des kleinen Schmetterlings, daß ihm die Tränen über die Backen flossen.

Balkis, die Wunderschöne, stand hinter dem Baum, zwischen den roten Lilien, und lächelte, denn sie hatte die ganze Unterhaltung mit angehört. Sie dachte: Wenn ich es klug anfange, kann ich meinen Herrn nun doch vor den Belästigungen dieser zänkischen Königinnen schützen.

Und sie hielt ihren Finger hin und wisperte der kleinen Frau Schmetterling zu: «Kleine Frau, komm hierher.» Auf flog das Schmetterlingsweib, ziemlich bange, und setzte sich auf Balkis' weiße Hand.

Balkis beugte ihren wunderschönen Kopf herab und flüsterte: «Kleine Frau, glaubst du, was dein Mann eben gesagt hat?»

Des Schmetterlings Frau sah Balkis an und sah die Augen der wunderschönen Königin leuchten wie Sternenlicht in tiefen Teichen, und sie nahm ihren Mut mit beiden Flügeln zusammen und sagte:

«O Königin, bleibe lieblich für immer! Du weißt, wie Männer sind.»

Und die Königin Balkis, die weise Königin Balkis, legte ihre Hand auf die Lippen, um ein Lächeln zu verbergen, und sagte:

«Kleine Schwester, ich weiß es.»

«Sie werden ärgerlich über die geringste Kleinigkeit», sagte Frau Schmetterling, sich hastig fächelnd, «aber wir müssen ihnen den Willen tun, o Königin. Sie meinen nicht die Hälfte von dem, was sie sagen. Wenn es meinem Mann beliebt, zu glauben, daß ich glaube, er könne Suleiman-ben-Dauds Palast verschwinden lassen durch Aufstampfen mit dem Fuß, was kümmert's mich! Bis morgen hat er alles vergessen.»

«Kleine Schwester», sagte Balkis, «du hast ganz recht; aber das nächstemal, wenn er wieder prahlt, halt ihn beim Wort. Fordere, daß er stampft, und sieh, was folgt. Wir wissen, wie Männer sind, nicht wahr? Er wird sich schämen.»

Weg flog Frau Schmetterling zu ihrem Mann, und nach fünf Minuten zankten sie sich ärger als je.

«Denk daran! Denk daran, was ich tun kann, wenn ich mit dem Fuß stampfe», sagte der Schmetterling.

«Ich glaube dir nicht so viel», sagte des Schmetterlings Weib. «Ich möchte es wohl sehen. Wie wär's, wenn du gleich stampftest!»

«Ich versprach Suleiman-ben-Daud, es nicht zu tun», sagte der Schmetterling, «und ich will mein Wort nicht brechen.»

«Es würde keinem Schaden tun, wenn du es tätest. Du könntest mit deinem Stampfen keinen Grashalm bewegen. Ich verlange, daß du es tust», sagte sie. «Stampfe! Stampfe! Stampfe!»

Suleiman-ben-Daud, unter dem Kampferbaume sitzend, hörte jedes Wort und lachte, wie er noch nie in seinem Leben gelacht hatte. Er vergaß seine Königinnen; er vergaß das Tier, das aus der See kam; er vergaß die Großtuerei und alles. Er lachte vor Vergnügen, und Balkis hinter dem Baume lächelte, weil ihr Herzliebster so vergnügt war.

Sogleich kam der Schmetterling an, sehr erhitzt und keuchend. Er flatterte unter dem Schatten des Kampferbaumes hin und her und sprach zu Suleiman:

«Sie will, daß ich stampfe. Sie will sehen, was dann passiert, o Suleiman-ben-Daud! Du weißt, ich kann nichts tun; und nun wird sie mir nie wieder glauben. Sie wird über mich lachen bis ans Ende meiner Tage.»

«Nein, kleiner Bruder», sagte Suleiman, «sie wird nie wieder über dich lachen.»

Und er drehte seinen Ring – just um des kleinen Schmetter-lings willen, nicht, um großzutun, und – sieh da! Vier ungeheure Djinns kamen aus der Erde herauf.

«Sklaven», sagte Suleiman-ben-Daud, «wenn dieser Herr auf meinem Finger (das war der unverschämte Schmetterling) mit seinem linken Vorderfuß stampft, sollt ihr meinen Palast und diese Gärten mit einem Donnerschlag verschwinden lassen. Und wenn er wieder stampft, sollt ihr alles wieder sorgsam an seinen Platz stellen.»

«Nun, kleiner Bruder», sagte er, «geh zurück zu deiner Frau und stampfe nach Herzenslust.»

Weg flog der Schmetterling zu seiner Frau, und die schrie:

«Ich will, daß du es tust! Ich will, daß du es tust! Stampfe! Stampfe! Stampfe!»

Balkis sah die vier ungeheuren Djinns sich niederbücken auf die vier Ecken des Gartens mit dem Palast in der Mitte, und sie klatschte leise in die Hände und sagte:

«Endlich will Suleiman-ben-Daud für einen kleinen Schmet-terling tun, was er längst hätte für sich selbst tun sollen, und die zänkischen Königinnen werden sich fürchten.»

Dann stampfte der Schmetterling.

Mit einem Ruck stießen die Djinns den Palast und den Garten tausend Meilen hoch in die Luft, es kam ein schrecklicher Don-nerschlag, und alles wurde so schwarz wie Tinte. Des Schmet-terlings Weib flatterte im Dunkeln hin und her und rief:

«Oh, ich will gut sein! Ich bin so betrübt, daß ich so sprach! Bring nur den Garten wieder her, mein lieber, lieber Mann. Nie wieder will ich streiten.»

Der Schmetterling war beinahe ebenso in Angst wie seine

Dies ist das Bild von den vier Djinns mit Seeschwalbenflügeln, die den Palast Suleiman-ben-Dauds aufhoben in dem Augenblick, da der Schmetterling stampfte. Der Palast und der Garten und alles wurde in einem Stück wie eine Tischplatte aufgehoben. Es blieb ein großes Loch in der Erde, ganz voll Rauch und Staub. Wenn Du in den Winkel schaust, nahe bei dem Ding, das wie ein Löwe aussieht, siehst Du Suleiman-ben-Daud mit seinem magischen Stab und die beiden Schmetterlinge hinter ihm. Das Ding, das wie ein Löwe aussieht, ist wirklich ein Löwe, in Stein gehauen; und das Ding, das wie eine Milchkanne aussieht, ist wirklich ein Stück von einem Tempel oder einem Haus oder so etwas. Suleiman-ben-Daud stand so da, um fern von dem Staub und Rauch zu sein, als die Djinns den Palast aufhoben. Die Namen der Djinns weiß ich nicht. Sie waren die Diener von Suleiman-ben-Dauds magischem Ring, und ihre Namen wechselten jeden Tag. Sie waren eben ganz gewöhnliche Djinns mit Seeschwalbenflügeln.

Frau, und Suleiman lachte so, daß es einige Minuten währte, bis er Atem genug hatte, dem Schmetterling zuzuwispern:

«Stampfe noch einmal, kleiner Bruder. Gib mir meinen Palast zurück, höchstmächtiger Zauberer.»

«Ja, gib ihm seinen Palast zurück», sagte Frau Schmetterling, noch immer im Dunkel herumfliegend wie eine Motte. «Gib ihm seinen Palast zurück, und höre auf mit der schrecklichen Zauberei.»

«Nun, meine Liebe», sagte der Schmetterling, so mutig, wie er konnte, «du siehst, wohin dein Keifen geführt hat. Natürlich macht es mir nichts aus – ich bin an so etwas gewöhnt –, aber aus Gnade für dich und Suleiman-ben-Daud will ich alles wieder in Ordnung bringen.»

So stampfte er wieder, und in demselben Augenblick ließen die Djinns den Palast und die Gärten wieder nieder, selbst ohne einen Ruck. Die Sonne schien auf die dunkelgrünen Orangenblätter, die Springbrunnen plätscherten zwischen den roten ägyptischen Lilien, die Vögel sangen wieder, und Frau Schmetterling lag auf der Seite unter dem Kampferbaum, bewegte zitternd die Flügel und seufzte: «Oh, ich will gut sein! Ich will gut sein!»

Suleiman-ben-Daud konnte vor Lachen kaum sprechen. Er hatte sich verschluckt, lehnte sich ganz matt zurück, schüttelte den Finger gegen den Schmetterling und sagte:

«O mächtiger Zauberer, was nützt es, daß du mir meinen Palast zurückgibst, wenn du zur selben Zeit mich durch Lachen umbringst!»

Da fing ein schrecklicher Spektakel an, denn alle die neunhundertundneunundneunzig Königinnen stürzten schreiend und kreischend und nach ihren Babys rufend aus dem Palast. Sie eilten über die breiten Marmorstufen bei der Fontäne, immer hundert in einer Reihe, und die sehr weise Balkis schritt ihnen stattlich entgegen und sagte:

«Was macht euch Verdruß, o Königinnen?»

Sie standen auf den Marmorstufen, immer hundert in einer Reihe, und schrien:

«Was ist unser Verdruß? Wir lebten friedlich in unserem goldenen Palast, wie gewöhnlich, als plötzlich der Palast verschwand und wir in schwarzer und lärmender Dunkelheit saßen; und es donnerte, und Djinns und Afrits trieben sich in der Finsternis umher! Das ist unser Verdruß, o Oberste Königin, und wir sind außerordentlich verdrießlich wegen dieses Verdrusses, denn es war ein verdrießlicher Verdruß, so schlimm wie noch kein anderer.»

Da sagte Balkis, die wunderschöne Königin – Suleiman-ben-Dauds Vielgeliebte –, die Königin war von Scheba und Saba und von den Goldflüssen des Südens, von der Wüste Zinn bis zu den Türmen von Zimbabwe –, Balkis, die beinahe so weise war wie Suleiman-ben-Daud selbst:

«Es war nichts, Königinnen! Ein Schmetterling hatte Klage erhoben gegen seine Frau, weil sie mit ihm zankte; und es hat unserem Herrn Suleiman-ben-Daud gefallen, ihr eine Lektion zu geben in Leisesprechen und Demut, denn diese beiden Dinge hält man für eine Tugend bei Schmetterlingsfrauen.»

Da trat eine ägyptische Königin, die Tochter eines Pharaonen, vor und sprach:

«Unser Palast kann nicht mit den Wurzeln ausgerissen werden wie ein Blutegel, um eines kleinen Insektes willen. Nein!

Suleiman-ben-Daud muß tot sein, und was wir hörten, war die Erde, die donnerte und sich verdunkelte bei diesem Ereignis.»

Da winkte Balkis dieser kecken Königin, ohne sie anzusehen, und sprach zu ihr und den anderen:

«Kommt und seht!»

Sie kamen von den Marmorstufen herab, immer hundert in einer Reihe, und sie sahen den höchst weisen König Suleiman-ben-Daud unter dem Kampferbaum sich vor Lachen hin- und herwiegen, mit einem Schmetterling auf jeder Hand, und sie hörten ihn sagen:

«O Weib meines Bruders in der Luft, vergiß nie, was heute geschah, sei deinem Mann gefällig in allen Dingen, damit er nicht zornig wird und mit dem Fuß stampft; denn er sagt, daß ihm dieser Zauber geläufig sei, und er ist jedenfalls ein eminent mächtiger Zauberer, einer, der selbst den Palast Suleiman-ben-Dauds wegzaubern kann. Geht in Frieden, kleines Volk.»

Und er küßte sie auf die Flügel, und sie flogen fort.

Da fielen alle Königinnen, mit Ausnahme von Balkis – der wunderherrlichen Balkis –, platt auf ihr Gesicht und sagten:

«Wenn solche Dinge geschehen, weil ein Schmetterling unzufrieden mit seiner Frau ist, was wird dann uns geschehen, die wir unseren König gereizt haben durch Lautsprechen und Lautzanken so viele, viele Tage?» Dann zogen sie die Schleier über ihre Köpfe, hielten sich die Hände vor den Mund und gingen auf den Fußspitzen, ganz mäuschenstill, in den Palast zurück.

Nun schritt Balkis, die Wunderschöne, durch die roten Lilien in den Schatten des Kampferbaumes, legte ihre Hand auf Suleiman-ben-Dauds Schulter und sagte:

«O mein Gebieter und Schatz meiner Seele, freue dich, denn wir haben diesen Königinnen von Ägypten und Äthiopien und Abessinien und Persien und Indien und China eine große und denkwürdige Lehre gegeben.»

Und Suleiman-ben-Daud, noch immer den Schmetterlingen nachblickend, die im Sonnenschein spielten, sagte:

«O meine Herrin und Juwel meiner Glückseligkeit, wann geschah das? Ich habe mit einem Schmetterling gescherzt, seit ich in den Garten kam.»

Balkis, die zärtliche und liebliche Balkis, sagte: «O mein Herr und König meines Daseins, ich war hinter dem Kampferbaum verborgen und sah alles. Ich riet der Schmetterlingsfrau, dem Schmetterling zu befehlen, daß er stampfe, denn ich hoffte, daß mein Herr um dieses Scherzes willen irgendeinen großen Zauber machte und daß die Königinnen ihn sehen und sich fürchten würden.»

Und dann erzählte sie, was die Königinnen gesehen, gedacht und gesagt hatten.

Da stand Suleiman-ben-Daud auf von seinem Sitz unter dem Kampferbaum, breitete die Arme aus und freute sich und sagte: «O meine Herrin und Versüßerin meiner Tage, wisse, wenn ich einen Zauber gegen meine Königinnen gemacht hätte aus Ärger oder um des Stolzes willen, wegen dessen ich das Mahl für alle Tiere machte, so würde ich sicher beschämt worden sein. Mittels deiner Weisheit aber machte ich Zauber um eines Scherzes willen, um eines kleinen Schmetterlings willen, und – siehe da! Er hat mich auch befreit von dem Ärger über meine zänkischen Weiber! Sage mir, o meine Herrin und Herz meines Herzens, wie bist du so weise geworden?»

Und Balkis, die Königin, schön und schlank, blickte auf in Suleiman-ben-Dauds Augen und neigte den Kopf auf eine Seite, gerade wie der Schmetterling, und sagte:

«Zuerst, o mein Gebieter, weil ich dich liebte, und zweitens, zweitens, o mein Gebieter, weil ich weiß, wie Weiber sind.»

Dann gingen sie in den Palast und lebten glücklich immerfort.

Aber war Balkis nicht gescheit?

NACHWORT

Von Hans-Dieter Gelfert

Welche Mutter, welcher Vater hat nicht schon einmal beim Vorlesen einer Gutenachtgeschichte erlebt, wie sich das fast schon eingeschlafene Kind plötzlich meldet und einen Satz korrigiert, der nicht genauso erzählt oder vorgelesen wurde wie an den Abenden davor? Auch Kipling machte diese Erfahrung, wie er 1897 in der Vorbemerkung zur Erstveröffentlichung der Geschichte vom Wal berichtete. Seine Tochter Josephine, genannt Effie, habe darauf bestanden, dass er seine Geschichten immer *just so*, d. h. «genauso», erzählen sollte. Schon die geringste Abweichung hätte sie wieder wach werden und den Fehler korrigieren lassen. Das brachte Kipling dazu, seine Gutenachtgeschichten, die zwischen Dezember 1897 und 1902 in Zeitschriften erschienen waren, 1902 unter dem Sammeltitel *Just So Stories*, «Genauso-Geschichten», als Buch herauszugeben. Der Titel spielt zugleich ironisch mit einer zweiten Bedeutung, nämlich mit der Beteuerung, dass das, was die Märchen erzählen, sich genauso zugetragen haben soll. Bei der Vorbereitung der Buchausgabe wird Kipling den schwersten Schicksalsschlag seines Lebens noch einmal durchlebt haben, der mit der Erinnerung an Effie, die er als Taffy in einigen der Geschichten verewigt hat, untrennbar verbunden war. Als er mit seiner Frau und den drei Kindern im Januar 1899 zu den Schwiegereltern nach Amerika reiste, wurden alle fünf, teils schon während der stürmischen

Überfahrt, teils kurz darauf, schwer krank. Bei Kipling ging die Erkältung in eine lebensbedrohliche Lungenentzündung über. Als die an Keuchhusten leidende sechsjährige Effie nach einem späten Rückfall starb, verschwieg man ihrem schwerkranken Vater, der in England bereits für tot gehalten und betrauert wurde, den Tod der Tochter so lange, bis er auf dem Weg der Besserung war. Insofern ist Kiplings munteres Kinderbuch zugleich ein Epitaph für seine so früh verstorbene Tochter.

Vor dem Erscheinen der ersten Geschichte hatte sich Kipling bereits einen Namen als Autor gemacht, vor allem mit Kurzgeschichten, die in Indien und im Soldatenmilieu spielten. In militärischen Kreisen wurde er außerdem als Dichter der *Barrack-Room Ballads* (1892, «Balladen aus dem Biwak») geschätzt. Weltruhm erlangte er aber erst mit dem 1894 erschienenen ersten *Dschungelbuch*, das zur langen Reihe literarischer Mythen die unsterblichen Figuren Mowglis und seiner Freunde aus dem Dschungel beisteuerte. Diesen Wolfsjungen, seine Wolfseltern, den gutmütigen Bären Baloo, den trägen Python Kaa, den Panther Bagheera mit seinen lässig-aristokratischen Manieren und den bösen einäugigen Tiger Shere Khan kennen seitdem unzählige Leser und Kinogänger weltweit. Das *Zweite Dschungelbuch*, das neben fünf weiteren Mowgli-Geschichten auch solche über andere Stoffe enthält, festigte Kiplings Ruhm. Einige Geschichten darin sind erzähltechnisch noch dichter, haben aber nicht mehr die mythische Allgemeingültigkeit.

Anders als die beiden *Dschungelbücher* sind die *Just So Stories* vordergründig an Kinder gerichtet, die noch nicht selber lesen können. Sie werden nicht im Ton realistischer Geschichten, sondern wie Märchen erzählt. Doch das, was das Wesen von Märchen ausmacht, die Naivität, erscheint darin auf doppelte Weise gebrochen, zum einen durch bewusste Didaktik und zum anderen durch Anspielungen und Zitate, die mit skurrilem Nonsens gewürzt sind. So nimmt er beispielsweise in der Geschichte vom Schmetterling auf die reiche christliche und arabische Erzähltradition um König Salomon und die Königin von Saba Bezug, und in «Wie der Leopard zu seinen Flecken kam» spielt bereits der Titel auf einen Bibelvers aus dem Alten Testament an, wo es heißt: «Kann der Äthiopier seine Haut wechseln oder der Leopard seine Flecken?» (Jeremias, 13, 23; bei Luther ist der Äthiopier ein Mohr.)

Ironisch verfremdete Didaktik steckt bereits in der gewählten Erzählform, die alle 12 Geschichten miteinander gemein haben. Es sind sogenannte Warum-Geschichten, für die im Englischen auch der französische Begriff *pourquois stories* verwendet wird. Bekanntlich zählt das Wort *Warum* zu den Lieblingsvokabeln aller Kinder. Kipling weckt die Neugier schon mit dem Titel jeder Geschichte und gibt dann Antworten, in denen belehrender Sinn und blanker Unsinn bunt gemischt sind. Durch fremdartige Namen weckt er die Neugier auf exotische Länder und Regionen, und durch absurde Erklärungen vermittelt er Kenntnisse über Gestalt und Verhalten exotischer Tiere, die sachlich richtig sind. In der Geschichte vom Elefantenkind macht der Erzähler die Neugier selbst zum ironisierten Gegenstand, indem er in bewusst falschem Englisch von *'satiable curiosity* spricht. Gemeint ist *insatiable curiosity*, «unersättliche Neugier». Kipling bedient sich hier der von Lewis Carroll kreierten Technik der *portmanteau words*. Das sind Wörter, die aus zwei fremden Worthälften bestehen, die man wie einen Koffer auseinanderklappen und zu den Ursprungswörtern ergänzen kann. So, wie aus *smoke* (Rauch) und *fog* (Nebel) das neue Wort Smog wurde, macht Kipling aus *curiosity* (Neugier) und *courtesy* (Höflichkeit) das Nonsens-Wort *curtiosity*. Kinder lieben solche Sprachspiele und produzieren sie zuweilen selber, wie der Verfasser dieses Nachworts aus eigener Erfahrung weiß, seit sein vierjähriger Sohn einen zylinderförmigen Bauklotz als Räule bezeichnete, weil er ihn als Rolle und als Säule benutzen konnte.

Kiplings Sprachspiele geben dem Übersetzer harte Nüsse zu knacken, vor allem dort, wo sie die Pointe einer Geschichte ausmachen. Das ist in «Wie das Kamel seinen Buckel bekam» der Fall. Als das träge, mundfaule Tier nacheinander vom Pferd, vom Hund und vom Ochsen freundlich ermuntert wird, sich an deren Fleiß und Regsamkeit ein Beispiel zu nehmen, antwortet es im Original jedes Mal: *Humph!* Das entspricht im Deutschen einem verächtlich herausgestoßenen «Hm». Dass das faule Tier daraufhin zur Strafe einen *hump*, d. h. einen «Buckel» oder «Höcker», bekommt, ist in der Logik des Wortspiels folgerichtig, lässt sich auf Deutsch aber nicht ausdrücken. In manchen Geschichten gibt Kipling seinem Affen so viel Zucker, dass es ihm den Vorwurf des Manierismus einbrachte. Doch der Eindruck von Übertreibung schwindet, sobald man die Geschichten gut vorgelesen hört. Noch beliebter als Wortspiele sind bei Kindern ritualisierte Wiederholungen. Erwachsene spüren in einer dreimaligen Wiederholung eines Wortes oder Satzes rhetorische Intensivierung. Doch jede darüber hinausgehende Wiederholung bewirkt das Gegenteil, sie wird als einfallslos und langweilig empfunden. Kinder hingegen warten begierig auf die Wiederkehr der formelhaften Wendung, und jede neue Befriedigung dieser Erwartung verschafft ihnen das gleiche Vergnügen. Kipling spielt dieses Mittel mit Gusto aus und scheut auch nicht vor *running gags* zurück, die ans Farcenhafte grenzen wie die stereotyp wiederkehrenden Hosenträger in der Geschichte vom Wal.

Obwohl in den Geschichten der Märchenton bereits im ersten Satz mit ostentativer Deutlichkeit angeschlagen wird, ist das, was folgt, gespickt mit Wörtern und Begriffen, die für Kinder unverständlich sind. So ist z. B. in der Geschichte vom Elefantenkind von der «Präzession der Äquinoktien» die Rede, worunter sich selbst die meisten Erwachsenen nichts vorstellen können. Es handelt sich dabei um das Vorrücken des astronomischen Frühlingspunktes, der in 26 000 Jahren alle Tierkreiszeichen durchläuft. Doch Kipling will in der Geschichte kein astronomisches Wissen vermitteln, sondern spielt ironisch mit dem Begriff, sodass der kindliche Zuhörer einerseits mit den Wörtern bekannt gemacht wird, andererseits aber zugleich den Eindruck gewinnt, dass es sich dabei um ziemlich nutzloses Wissen handelt. Dieses changierende Spiel, das den Zuhörern schwierige Wörter nahebringt und ihnen zugleich das Einschüchternde nimmt, durchzieht alle 12 Geschichten.

Während Kipling seine früheren Werke von seinem Vater illustrieren ließ, der als Lehrer und Leiter einer Kunstschule in Bombay dafür beruflich qualifiziert war, griff er bei diesem Buch selbst zu Pinsel und Feder. Schon beim ersten Blick auf seine Zeichnungen erkennt man, dass es nicht Versuche eines Dilettanten sind, sondern ausdrucksstarke Bilder, die künstlerisches Talent verraten. Anders als die realistischen Illustrationen seines Vaters wirken seine eigenen stilistisch nahe an der ornamentalen Technik, wie man sie von den frühen Vertretern des Jugendstils, z. B. von Aubrey Beardsley, kennt. Kipling war ein Bewunderer dieses Zeichners, der mit seinen Illustrationen für die kurzlebige Serie der *Yellow Books* (1894–97) zum Repräsentanten einer Dekadenzbewegung wurde, die in England die Moderne einläutete. Nähe zum Jugendstil zeigt auch schon der zum Kreis der Präraffaeliten zählende Maler Edward Burne-Jones, der mit einer von Kiplings Tanten verheiratet war, weshalb der Dichter in jungen Jahren manche Sommerferien in dessen Haus verbracht hatte.

Das ironische Changieren zwischen Didaktik und Nonsens in den Geschichten findet sich in noch konzentrierterer Form in den Kommentaren zu den Illustrationen. Wie viel spielerische Kunst Kipling auf die Zeichnungen selbst verwandte, ist für Leser späterer Ausgaben des Buches wegen der schlechteren Druckqualität oft nicht mehr zu erkennen. So lässt er z. B. die Geschichte «Die Katze, die allein spazierenging» mit einem Hammelknochen beginnen, auf den er kalligrafisch den Anfangsbuchstaben des Textes, ein großes H, gezeichnet hat, das aus winzigen runenartigen Buchstaben besteht. Liest man die beiden Textsäulen von oben nach unten und danach den Querstrich des H, erfährt man das Folgende (zitiert nach der «Editorischen Notiz» von Gisbert Haefs zu dessen Neuübersetzung des Buchs von 1990, dem hiermit gedankt sei):

Ich, Rudyard Kipling, malte dies, aber weil es keinen
Hammelknochen gab //
im Haus, habe ich die Anatomie aus dem Gedächtnis
hingepfuscht //
ich schrieb auch alle Schauspiele, die Mrs Gallup
zugeschrieben werden.

Gisbert Haefs gibt dazu diese Erklärung: «Mrs. Gallup war zur Zeit des Erscheinens der *Just So Stories* eine der prominentesten Verfechterinnen der Theorie, dass Shakespeares Stücke tatsächlich von Francis Bacon verfasst worden seien.» Einen ähnlichen Spaß erlaubt sich Kipling in der Geschichte «Wie der erste Brief geschrieben wurde». Hier bringt er rechts und links vom Bild eine lange Geschichte in schwer zu entziffernden Runen unter, die angeblich auf dem abgebildeten Stoßzahn eingeritzt sei. Solche literarischen Scherze sind natürlich nicht an die Adresse kleiner Kinder gerichtet, sondern an die von Erwachsenen oder von Schulkindern, deren detektivischer Spürsinn bereits geweckt wurde. Vor allem aber zeigen sie an, wie viel Ehrgeiz Kipling in das Werk investierte, das er keineswegs als bloßes Kinderbuch verstanden sehen wollte. Den längsten Text schrieb er in die Illustration zu «Die Entstehung des Gürteltiers» ein, die, wie er in seinem Kommentar dazu selber sagt, nichts mit der Geschichte zu tun hat. Es ist ein fiktiver Bericht über das Abenteuer einer Schiffsbesatzung aus dem Jahr 1503. Der Text füllt eine ganze Landkarte aus, die den Verlauf des Amazonas zeigen soll. Da er eine umständliche Übersetzung erfordert hätte, die nichts zur Geschichte beiträgt, wurde auf die Wiedergabe dieser Abbildung verzichtet.

In der Buchausgabe der *Just So Stories* hat Kipling jeder Geschichte noch ein Gedicht angefügt. Diese chansonartigen Texte, die nur lose oder gar nicht mit den Geschichten verbunden sind, folgen dem Muster seiner Soldatenlieder, die später Bertolt Brecht zu den Songs der *Dreigroschenoper* inspirierten. Da ihre parodistischen Anspielungen und die zahlreichen Akronyme aus der Seefahrt nur mithilfe eines Kommentars zu ver-

stehen sind, wirken sie zwischen den Tiermärchen wie Fremd-
körper und wurden deshalb in dieser Ausgabe ebenfalls weg-
gelassen.

Wie die allermeisten von Kiplings Erzählungen, zumindest
die bekanntesten, spielen auch diese Märchen in dem exotischen
Milieu, in dem er seine Kindheit verbracht hat. Die Geschichten
handeln von tropischen Tieren in einer tropischen Umgebung.
Es tauchen darin Wörter aus fremden Sprachen auf, die zwar
vom Erzähler teilweise übersetzt werden, doch vom Hörer nicht
überprüft werden können. Man weiß also nicht, ob es Wörter
aus einer wirklichen oder einer erfundenen Sprache sind. Wie
aus seinen übrigen Werken weht auch aus diesen «der Duft der
großen weiten Welt», der zugleich das spezifische Aroma des
englischen Empire hatte. Schon früh war Kipling in den Augen
der literarischen Öffentlichkeit zum Bannerträger und Barden
des britischen Imperialismus geworden. Dabei ist auch diese
Parteinahme eigentümlich gebrochen. Eines seiner meistzitier-
ten Gedichte trägt den Titel «Die Bürde des weißen Mannes». Er
schrieb es 1899 anlässlich der Annexion der Philippinen durch
die USA. Das demokratisch-republikanische Amerika, das nach
seinem eigenen Credo jede Art von Kolonialismus ablehnte,
nahm den Spaniern nach dem siegreich beendeten Spanisch-
Amerikanischen Krieg die Philippinen ab und war nun selber
eine Kolonialmacht, die ihr Handeln rechtfertigen musste. Kipling leistete mit seinem Gedicht ideologische Schützenhilfe, indem er die Übernahme der Verantwortung für ein unmündiges
rückständiges Volk durch eine moralisch höher stehende Nation
rechtfertigt. Doch in dem Gedicht sagt er auch, dass die Nach-
welt diese Erziehungsmaßnahme dem Herrenvolk nicht danken

werde; dennoch sei es dessen moralische Pflicht, die Rolle des Erziehers zu übernehmen.

Erziehung als der Weg zu einer höheren Entwicklungsstufe ist ein zentrales Thema in Kiplings Schaffen. Allein schon die Tatsache, dass die meisten seiner Erzählungen von Kindern handeln und in erster Linie für Kinder und Jugendliche geschrieben sind, zeigt an, welche Bedeutung es für ihn hatte. Ein besonders drastisches Beispiel wird in der Geschichte vom Känguru erzählt. Anders als im Märchen vom Hasen und Igel, wo der Schlauere den Schnelleren überlistet, wird hier ein kurzbeiniges Känguru von einem Dingo so lange im Kreis herum gehetzt, bis ihm die Hinterbeine zur heutigen Länge gewachsen sind und es damit den erwünschten Überlebensvorteil hat. Das ist Darwinismus in der sprichwörtlichen Nussschale und entspricht dem Erziehungsprogramm englischer Public Schools. Nicht ohne Grund hat die berühmte Rugby School dem nach ihr benannten rauen Ballspiel so hohe erzieherische Bedeutung beigemessen.

Eine solche Erziehung hatte auch Kipling genossen. Zwar wurde er in Bombay geboren, wo er als Angehöriger eines Herrenvolkes die ersten fünf Lebensjahre von einer portugiesischen Nanny und einem indischen Bediensteten aufgezogen wurde, doch danach wurde er zusammen mit seiner Schwester nach England in die Obhut ungeliebter strenger Pflegeeltern gegeben. Erst nach fünf Jahren sah er seine Mutter wieder. Das Glück währte aber nur kurz, weil er schon im Jahr darauf in ein Internat gesteckt wurde, das ehemalige Angehörige der Armee als eine private Vorbereitungsschule für den Militärdienst betrieben. Seine durchaus positiv erlebte Schulzeit, die 1882 endete, hat er später zu dem Jugendbuch *Stalky & Co.* verarbeitet. Da seine schulische Qualifikation für ein Universitätsstipendium nicht ausreichte, ging er erst einmal zurück nach Indien, das er als seine Heimat empfand. Danach folgten die ersten Schritte seiner schriftstellerischen Karriere, anfangs als Journalist, doch bald schon mehr und mehr als kreativer Autor.

Kiplings Biografie erinnert an die anderer großer Männer, die eine wenig erfreuliche Kindheit hinter sich brachten und nicht daran zerbrochen sind. Doch anders als z. B. Charles Dickens, der durch eine traumatische Kindheitserfahrung zum Anwalt der Mühseligen und Beladenen wurde, hatte sich Kipling nach der Zeit bei den Pflegeeltern in eine Schulgemeinschaft eingefügt, in der er zum Vertreter einer imperialen Großmacht sozialisiert wurde. Das lässt an einen anderen bedeutenden Briten denken. Auch Winston Churchill hatte wenig Liebe von seinen Eltern erfahren und verbrachte 11 Jahre in einer Militärakademie, doch dann wurde aus ihm die politische Führerfigur von imperialem Format. Als Churchill 1937 zur Einweihung eines Kipling-Denkmals eine Rede auf den Dichter hielt, war in jedem seiner Sätze die Geistesverwandtschaft zu spüren.

Obwohl Kipling 1907 als erster Brite mit dem Nobelpreis für Literatur geehrt wurde, nahm seine literarische Reputation danach stetig ab, zumindest in den Augen kritischer Intellektueller, die in ihm den Lobsänger des britischen Imperialismus sahen. Als am 23. Januar 1936 seine Asche in der Westminster-Abtei zwischen den Gräbern von Charles Dickens und Thomas Hardy feierlich beigesetzt wurde, war unter den Trägern der Urne, anders als 1928 bei Hardy, kein einziger literarischer Kollege, dafür aber die politische Spitze des Landes: der Premierminister Stanley Baldwin, der ein Cousin des Dichters und mit diesem von Kindheit an befreundet war, sowie der Generalfeldmarschall der Armee und der höchste Admiral der königlichen Flotte.

Dass heute von Kiplings zahlreichen Werken nur noch die Dschungelbücher, der Roman *Kim* und die hier vorliegenden *Genauso-Geschichten* – in England auch noch *Puck of Pook's Hill* und *Stalky & Co* – wirklich lebendig geblieben sind, also Bücher, die vor allem von Kindern und Jugendlichen gelesen werden, spricht dafür, dass sie ihre besondere Authentizität aus der biografischen Quelle seiner Kindheit beziehen. Da, wo er sich an erwachsene Briten wendet, spürt man das Ethos des Angehörigen einer imperialen Großmacht, das wenig Spielraum für jene Ambivalenzen lässt, die große literarische Kunstwerke auszeichnen. Dort aber, wo er Kinder zeigt, die sich in einen noch offenen Lebensraum hineinentwickeln, spürt man sehr viel davon. Die beiden großen Erfahrungsprozesse des Kindes, das Spiel und die Selbstbehauptung in der Welt, hat Kipling in seinen klassischen Kinder- und Jugendbüchern beispielhaft dargestellt.

P. S.

Die hier wieder abgedruckte Übersetzung von Sebastian Harms, die bereits 1903, ein Jahr nach dem englischen Original, bei Vita, Deutsches Verlagshaus, Berlin, erschien, trifft den kindgerechten Märchenton recht gut. Sie wurde nur an wenigen Stellen korrigiert und dem heutigen Sprachgebrauch angepasst.

INHALT

Wie der Walfisch seinen Schlund bekam   5

Wie das Kamel seinen Buckel bekam   13

Wie das Rhinozeros seine Haut bekam   21

Wie der Leopard zu seinen Flecken kam   29

Das Elefantenkind   41

Der Singsang vom alten Mann Känguru   55

Die Entstehung des Gürteltiers   64

Wie der erste Brief geschrieben wurde   77

Wie das Alphabet entstand   92

Der Krebs, der mit der See spielte   111

Die Katze, die allein spazierenging   128

Der Schmetterling, der mit dem Fuß stampfte   147

Nachwort   165